全国高等教育会计专业立体化系列教材

政府与非营利组织会计

王　翔　主编

中国财政经济出版社

图书在版编目（CIP）数据

政府与非营利组织会计/王翔主编．—北京：中国财政经济出版社，2009.1

（全国高等教育会计专业立体化系列教材）

ISBN 978-7-5095-1118-3

Ⅰ.政… Ⅱ.王… Ⅲ.单位预算会计-高等学校-教材 Ⅳ.F810.6

中国版本图书馆 CIP 数据核字（2008）第 194689 号

责任编辑：王坚敏　　责任校对：张全录

封面设计：倪春昊　　版式设计：兰　波

中国财政经济出版社 出版

URL：http：//www.cfeph.cn

E-mail：cfeph @ cfeph.cn

社址：北京市海淀区阜成路甲 28 号　邮政编码：100142

发行处电话：88190406　财经书店电话：64033436

北京富生印刷厂印刷　各地新华书店经销

787×1092 毫米　16 开　13 印张　192 000 字

2009 年 2 月第 1 版　2009 年 2 月北京第 1 次印刷

定价：26.00 元

ISBN 978-7-5095-1118-3/F·0940

（图书出现印装问题，本社负责调换）

本社质量投诉电话：010-88190744

全国财政职业教育教学指导委员会
全国高等教育会计专业立体化系列
教材编审委员会

出 版 说 明

《全国高等教育会计专业立体化系列教材》是财政部人事教育司、全国财政职业教育教学指导委员会、中国财政经济出版社共同策划、开发的又一套立体化系列教材，涵盖会计专业的骨干课程，主要面向高等学历阶段的会计专业学生和老师、面向会计在职人员的系统训练。有专家认为，立体化系列教材的开发和出版，是教材开发模式的创新，对于推动教学改革和教材创新具有很强的现实意义。

《全国高等教育会计专业立体化系列教材》以多媒体网络课程为核心，将纸质平面教材、电子网络课程（CD－ROM光盘）、教师备课软件、媒体教学资源库、智能题库＋学习成果测评系统、虚拟模拟实训平台等六个方面有机结合，将大量真实、原始的会计凭证、票据账册集合在电子网络课程和资源库中，用图片、动画、视频等多媒体教学课件，展示经济活动、会计工作的流程，展示会计实务操作的过程和行为标准，把情景教学、实景教学、仿真模拟实训、计算机在线练习和在线考试等教育手段引入课堂，教师和学生可以随时调看、分步调看、多次重复调看，既丰富了课堂教学的内容，激发学生的学习兴趣，也便于教师教，更便于学生自主学习和自主练习。

《全国高等教育会计专业立体化系列教材》目前已经开发和正在开发的课程有：《基础会计》、《财务会计实务》、

《成本会计实务》、《会计电算化》、《会计模拟实训》、《会计查账实务》、《会计涉税实务》、《政府与非营利组织会计实务》、《统计方法实务》、《财政与金融基础》、《EXCEL 软件与报表分析》等。这些教材将陆续出版、发行并和读者见面。根据专家建议和读者的要求，我们的开发还将向其他课程和其他专业拓展，力争使立体化教材形成系列、形成品牌，成为新时期教材开发的主流模式。

《全国高等教育会计专业立体化系列教材》编写过程中，我们坚持以自主学习为中心、以学生职业生涯发展规律为线索、按照会计岗位设计要求来指导编撰工作，运用了全新的教育教学理念，应用了最新的计算机多媒体技术；在理论体系、组织结构和阐述方法等方面，我们也作了一些新的尝试。

根据有关专家的评议，新教材具有“新”、“真”、“全”的特点。

——所谓新，一是形式新颖，新教材在教材结构和编排方式方面突破传统，以多媒体网络课程（电子教材）为核心。二是内容新，教材反映了近年颁布的会计制度、会计准则及法律法规内容，反映了新的会计实务内容，如《财务会计实务》的编写以 2006 年新颁布的企业会计准则、2007 年颁布的《中华人民共和国企业所得税法实施条例》等为依据。三是教学资源的素材新，本教材的网络课程及媒体资源库中收集了最新版本的各种财务凭证、票据实样（包括普通发票、增值税专用发票电脑版、运费发票、银行支付系统专用凭证）。

——所谓真，教材涉及的企业类型选用日常生活中常见的或经常接触的单位；所有原始凭证的格式、要素、颜色、盖章与实际工作完全一致；报表都是实际工作中使用的报表；企业的基本情况，用实际工作中的税务登记证来展示；

视频素材，实地拍摄建账、纳税申报、填制记账凭证、登记账簿等。

——所谓全，与传统的教材相比，除教学大纲规定的内容外，还增加了会计人员职业道德教育、工商登记方面的相关知识和实务，教材中还大量地引入案例教学，设置了“友情链接”、“想一想”、“试一试”、“议一议”、“小知识”等栏目，丰富知识内容、增加课堂教学的趣味性、拓展学生的思维、激发学生探究问题的兴趣。比如在介绍人民币防伪知识时，教材中穿插了一个“小知识”栏目，集中介绍了美元、港元、欧元、日元、英镑的基本概况与真假鉴别方法。我们还充分利用光盘介质大容量存储的特性，将大量的相关的法律法规、参考文献的电子版集合在 CD－ROM 中，增加了教材的工具性，也可以降低学生购买参考书的费用、降低学习的综合成本。

由于时间所限，新教材尚有许多不足和有待完善之处，敬请广大师生及社会读者提出宝贵意见，以便今后修订，我们希望在逐步完善、提高中，将《会计高等教育立体化系列教材》打造成为会计教育教学领域的精品教材，同时也希望更多的专业人士加入到“立体化系列”教材的研究和开发中来。最后，感谢财政部人事教育司、全国财政专业教育教学指导委员会多媒体教学研究会对新教材研发的支持和帮助，感谢所有参加新教材策划、研讨、编撰、审定的各位专家。

中国财政经济出版社

2009 年 1 月

前言

政府与非营利组织会计是应用于社会再生产过程分配领域的专业会计，是会计的另一个分支。它以预算管理为中心，对中央与地方政府及非营利组织的经济业务，进行连续、系统、完整地核算和监督。本教材的编写以《财政总预算会计制度》、《行政单位会计制度》及财务规则 、《事业单位会计制度》及财务规则为依据，以会计要素为研究对象，较详细地介绍了财政总会计、行政单位会计、公立非营利组织（事业单位）会计核算的基本理论和核算方法。近年来我国财政预算实行了诸多改革，如国库集中支付、部门预算、政府收支分类等，对会计核算的影响较大，因此教材的编写还紧密联系实际，体现改革的要求及相应的会计处理的变化，有较强的实用性。由于国库集中支付的改革是一个涉及面广的系统工程，目前还处在试行过程中，与国库集中支付相配套的会计处理方法，财政部、国库等部门虽印发有补充规定，但有些带有较强的地域性，尚未形成统一规定，因此各地的做法可能有些差异。教材中介绍的实行国库集中支付后的会计处理方法，国家有统一规定的遵从国家规定，少量的采用了地方做法。

本教材是全国财政教育教学指导委员会和中国财政经济出版社联合推出的“全国高等教育会计专业立体化系列教材”之一，有配套的网络课程光盘，光盘中有一些补充资料和学习指导，对理解教材内容很有帮助。因为政府与非营利组织会计工作与政府财政预算工作密切相关，涉及很多的制度法规，教材中无法展示，财政工作又比较宏观抽象，对社会阅历不多的青少年学生来说理解有一定难度，如能结合光盘学习教材内容，会起到事半功倍的效果。

参加本书编写的有王翔（第一、二、三、四章）、顿尹路（第五、六、七章）、袁春云（第八、九、十、十一章），王翔任本书主编，徐俊任主审。配套的网络课程光盘上的课后练习由张璇（一～七章）、李咏臻（八～十一章）编写。

本教材的出版得到财政部人教司、财政部全国职业教育行业指导委员会和中国财政经济出版社的大力支持和帮助，在此表示衷心感谢！

由于我们水平有限，教材中难免有些疏漏之处，敬请读者批评指正。

编　者

2009 年 1 月

目 录

上篇 政府会计

下篇 非营利组织会计

上篇

政 府 会 计

第一章 Diyizhang 政府会计概述

【学习目标】　本章主要介绍了政府会计的概念、对象、组成，政府会计的会计要素、会计科目。通过学习要求学生：知道政府会计的概念和任务；能说出政府会计的组成体系、分类；能说出会计要素名称；熟记会计科目名称，了解各科目的核算内容。

第一节　政府会计的概念及组成

一、政府会计的概念

政府会计是会计的一个分支，适用于政府财政部门和政府行政单位。

政府是国家行政机关，这里指政府财政部门和政府行政单位。政府财政部门包括财政部和地方各级财政机关，是执行各级财政总预算的机构，代表政府执行预算，管理财政收支。政府行政单位是指政府行使国家权力，管理国家事务，执行行政单位预算，进行各项行政管理工作的部门和单位。

政府会计是以货币为主要计量单位，对各级政府财政部门和政府行政单位在预算执行过程中发生的经济业务，进行连续、系统、完整地核算、反映和监督的经济管理工作。

二、政府会计的对象

政府会计的对象是指其核算、反映和监督的基本内容，即预算执行过程中的资金运动。在预算执行和开展业务活动过程中，各级政府财政部门、政府行政单位，一方面要组织收入，另一方面要安排支出，收支执行的结果表现为结余或超支，收支余超构成了财政部门、行政单位的资金运动。但是，由于政府财政部门、政府行政单位的工作任务、业务活动的内容不同，因此财政部门、行政单位资金运动的具体表现有所不同。

各级政府财政部门负责具体执行各级总预算，按照核定的预算，从国民经济各部门取得总预算收入，包括税收收入、社会保险基金收入、非税收入、贷款转贷收回本金收入、债务收入、转移性收入等；同时，又按照核定的预算，把集中起来的预算资金再分配出去，用于一般公共服务、外交、国防、公共安全、教育、科学技术、文化体育、社会保障和就业、社会保险基金支出、医疗卫生等方面，形成总预算支出。总预算收入，反映财政收入的规模和收入积累的水平，以及缴入国库的进度；总预算支出，反映财政支出的范围、方向和预算支出的进度；收支相抵的余额为预算执行的结果，表现为结余或赤字。行政单位的任务是行使政府职能，管理国家事务和进行各项行政管理工作。为此，行政单位一方面从财政部门或上级单位领取行政经费并在依法行政的过程中收取预算外收入；另一方面，按照国家的有关规定和开支标准，安排工资福利支出、商品和服务支出、对个人和家庭的补助等各项经费支出；收支相抵的差额为行政单位预算执行的结果，表现为结余或超支。

三、政府会计的组成

政府会计为国家预算服务，其组成情况与国家预算的组成相一致。国家预算由总预算和单位预算组成，相应地，政府会计分为财政总预算会计（简称财政总会计或总预算会计）和行政单位预算会计（简称单位会计）。

财政总预算会计是各级政府财政部门核算、反映、监督政府预算执行和各项财政性资金活动的专业会计，执行政府总预算，为政府理财，有一级政府就有一级财政总预算会计。我国政权划分为中央、省（自治区、直辖市）、市（地、州）、县（市）、乡（镇）五级，总预算会计也相应划分为五级。在财政部设中央级财政总预算会计；在省（自治区、直辖市）财政厅（局）设省（自治区、直辖市）级财政总预算会计；在市（地、州）财政局设市（地、州）级财政总预算会计；在县（市）财政局设县（市）级财政总预算会计；在乡（镇）财政所设乡（镇）级财政总预算会计。

此外，中国人民银行在办理国库业务过程中设立的国库会计，税务部门在办理税款征解过程中设立的税收会计等，在执行总预算过程中，均担负一定的总预算会计任务，因此，它们也应包括在广义的总预算会计范围内。

行政单位会计是以国家各级权力机关、行政机关、审判机关和检察机关以及党派、政协机关等行政单位实际发生的各项经济业务为对象，核算、反映和监督行政单位预算（财务收支计划）执行过程及其结果的专业会计。行政单位根据国家机构建制和经费领拨关系，分为主管会计单位、二级会计单位和基层会计单位。向财政部门汇总报送分月用款计划并提出财政直接支付申请的预算单位为主管会计单位，也称一级预算单位。向主管会计单位汇总报送分月用款计划并提出财政直接支付申请且有下属单位的预算单位为二级会计单位，也称二级预算单位。只有本单位开支，无下属单位的预算单位，为基层会计单位，也称基层预算单位。以上三级会计单位都要成立单位预算，实行独立的会计核算。有些人数较少，经费不多的单位可以不成立单位预算，不进行独立的会计核算，其经费开支可凭单据向基层会计单位报销，这些单位叫报销单位。

在整个政府会计组成体系中总预算会计居于主导和核心地位。

第二节 政府会计要素和会计科目

一、政府会计的会计要素

会计要素是会计对象的构成要素，是对会计对象的基本分类。会计核算对象的内容多种多样，为了更清晰地对有关核算内容进行确认、计量、记录、报告，需要对会计对象作一基本的分类，把会计对象分解成若干基本的要素。科学地确定会计要素，有助于设置会计科目，设计会计报表的种类、格式和列示方式。

（一）会计要素的构成

政府会计的会计要素为资产、负债、净资产、收入和支出（或费用）五个要素。

1. 资产

资产是一级政府掌管或控制的、一个单位组织占有或使用的能以货币计量的经济资源。资产具有以下特征：其一，资产必须是一种经济资源；其二，资产必须能用货币来计量；其三，资产必须为一级政府掌管或控制，为一个单位和组织占有或使用；其四，资产的形态可以是有形的，可以是无形的，还可以是其他权利。

财政总预算会计核算的资产，包括一级政府的财政性存款、有价证券、暂付及应收款项、预拨款项等。

行政单位会计核算的资产，包括单位的各种财产和债权以及其他权利。

2. 负债

负债是指一级政府或一个单位组织承担的能以货币计量，需要以资产偿付的债务。

政府财政部门虽然是分配资金的部门，但在预算执行中，与上下级财政之间、与预算单位之间也存在着人欠、欠人事项，加上发行公债，这就形成了财政的负债事项。财政总预算会计核算的负债，包括应付及暂收款项、按法定程序及核定的预算举借的债务等。

行政单位会计核算的负债，包括单位和组织的借入款项、应付和预收款项以及各种应缴款项等。

3. 净资产

净资产是指资产减去负债的差额，是属于一级政府、一个单位所有的资产净值。

财政总预算会计核算的净资产是一级政府财政所掌管的资产净值，它包括各项结余、预算周转金等。

行政单位会计核算的净资产反映国家、单位和组织对资产的所有权，它包括各项基金和结余。

4. 收入

收入是指国家或单位组织依法取得的非偿还性资金。

财政收入是国家为实现其职能，根据法令和法规所取得的非偿还性资金，是一级财政的资金来源。财政总预算会计核算的收入包括一般预算收入、基金预算收入、专用基金收入、资金调拨收入等。

行政单位的收入是单位为开展公务或业务活动，依法取得的非偿还性资金。行政单位的收入包括拨入经费、预算外收入和其他收入等。

5. 支出（费用）

支出是指一级政府、单位按照批准的预算所发生的资金耗费和损失。

财政支出是一级政府为实现其职能，对财政资金的再分配。财政总预算会计核算的支出包括一般预算支出、基金预算支出、专用基金支出和资金调拨支出等。

行政单位的支出是单位为开展公务或业务活动所发生的资金耗费和损失。行政单位的支出包括拨出经费、经费支出等。

（二）会计要素之间的关系

会计要素之间存在特定的平衡关系，这种平衡关系可用公式表示，称为会计等式，它是复式记账赖以建立的基础，也是设计会计报表结构的基本依据。

资产 = 负债 + 净资产

资产、负债、净资产是用来说明政府和各行政机关财务状况的三个基本会计要素。资产 = 负债 + 净资产是资金的静态反映。从动态观察，政府和各行政机关为进行事务活动，必然发生一定的支出，同时相应地取得各项收入，收入减去支出即为结余，结余又形成政府和各行政机关的净资产。因此，上述公式又为：

资产 = 负债 + 净资产 + （收入 - 支出）整理为：

资产 + 支出 = 负债 + 净资产 + 收入

这一会计等式反映了五个会计要素之间的基本关系。经济业务发生，可能是引起会计等式左方或者右方某一要素增加，另一要素减少；也可能就是引起会计等式左右两方的要素发生等额的增减变动，但决不会破坏会计等式的平衡关系。

二、会计科目

会计科目是对会计要素的进一步分类，是对各项经济业务的具体内容，按其特征和经济管理要求进行归集、分类的类别名称。设置会计科目便于正确、系统和分门别类地核算、反映和监督各项经济业务活动所引起的资金运动，为经济管理提供有用的会计信息。为了保证会计信息的可比性，使会计核算所提供的指标在国民经济各部门口径一致，便于有关部门和单位对会计指标的逐级汇总和分析利用，财政部分别制定了财政总预算会计、行政单位会计的会计科目。

（一）总账科目及其核算内容

1. 财政总预算会计科目

类别	科目名称	核算内容
一、资产类	国库存款	核算各级总预算会计在国库的预算资金（含一般预算和基金预算）存款。
	其他财政存款	核算各级总预算会计未列入“国库存款”科目反映的各项财政性存款。
	有价证券	核算各级政府按国家统一规定用各项财政结余购买有价证券的库存数。
	在途款	核算决算清理期和库款报解整理期内发生的上下年度收入支出业务及需要通过本科目过渡处理的资金数。
	暂付款	核算各级财政部门借给所属预算单位或其他单位临时急需资金。
	与下级往来	核算与下级财政的往来待结算款项。
	预拨经费	核算财政部门预拨给行政事业单位、尚未列为预算支出的经费。
	基建拨款	核算拨付给建设银行、基建财务管理部门的基本建设拨款和贷款数。
	待处理财政周转金	核算经审核已经成为呆账，但尚未按规定程序报批核销的逾期财政周转金转入和核销情况。
二、负债类	暂存款	核算各级财政临时发生的应付、暂收和收到不明性质的款项。
	与上级往来	核算与上级财政的往来待结算款项。
	借入款	核算中央财政和地方财政按照国家法律、国务院规定向社会以发行债券等方式举借的债务。

续表

类别	科目名称	核　算　内　容
三、净资产类	预算结余	核算各级财政预算收支的年终执行结果。
	基金预算结余	核算各级财政管理的政府性基金收支的年终执行结果。
	专用基金结余	核算总预算会计管理的专用基金收支的年终执行结果。
	预算周转金	核算各级财政设置的用于平衡季节性预算收支差额周转使用的资金。
四、收入类	一般预算收入	核算各级财政部门组织的纳入预算的各项收入。
	基金预算收入	核算各级财政部门管理的政府性基金预算收入。
	专用基金收入	核算财政部门按规定设置或取得的专用基金收入。
	补助收入	核算上级财政部门拨来的补助款。
	上解收入	核算下级财政上缴的预算上解款。
	调入资金	核算各级财政部门因平衡一般预算收支从预算外资金结余以及其他渠道调入的资金。
五、支出类	一般预算支出	核算各级总预算会计办理的应由预算资金支付的各项支出。
	基金预算支出	核算各级财政部门用基金预算收入安排的支出。
	专用基金支出	核算各级财政部门用专用基金收入安排的支出。
	补助支出	核算本级财政对下级财政的补助支出。
	上解支出	核算解缴上级财政的款项。
	调出资金	核算各级财政部门从基金预算的地方财政税费附加收入结余中调出，用于平衡预算收支的资金。

2. 行政单位会计科目

类别	科目名称	核　算　内　容
一、资产类	零余额账户用款额度	核算财政授权支付方式下行政单位零余额账户的用款额度。
	现金	核算行政单位的库存现金。
	银行存款	核算行政单位存入银行和其他金融机构的各种存款。
	有价证券	核算行政单位购买的有价证券的库存数。
	暂付款	核算行政单位各项暂付、预付和应收款项。
	库存材料	核算行政单位库存的行政用物资材料。
	固定资产	核算行政单位固定资产的原价。

续表

类别	科目名称	核算内容
二、负债类	应缴预算款	核算行政单位代收的属于财政预算收入的应缴款项。
	应缴财政专户款	核算行政单位应缴财政专户的预算外收入款项。
	暂存款	核算行政单位在其行政业务活动中发生的各种暂存、预收和应付等待结算款项。
三、净资产类	固定基金	核算行政单位固定资产所占用的基金。
	结余	核算行政单位各项收入与支出相抵后的余额。
四、收入类	拨入经费	核算行政单位按照经费领报关系收到的由财政部门或上级单位拨入的行政经费。
	预算外资金收入	核算行政单位经财政专户拨回或确认留用的预算外资金收入。
	其他收入	核算行政单位除上述各项收入以外的收入。
五、支出类	经费支出	核算行政单位在行政业务活动过程中发生的各项支出。
	拨出经费	核算行政单位按核定预算将财政或上级单位拨入的经费按预算级次转拨给下属预算单位的资金。

（二）明细科目的设置

在政府会计的核算中，根据预算管理的需要，会计核算既要提供总括的核算结果，又要反映明细的核算资料。因此，总账科目是按照会计制度的规定设置的，而明细科目是根据核算需要设置的。明细科目的设置一般有三种情况：

1. 按照《政府预算收支科目》设置明细科目。例如财政部门的预算收入和预算支出，是按预算收支科目的“类”、“款”级科目设明细科目。行政单位的经费支出，是按预算支出经济分类科目的“类”、“款”级科目设明细科目。

2. 按结算单位、个人名称或事项设置明细科目。例如各种往来款项，是按结算单位或个人名称或某一事项分别设置明细科目。

3. 按财产物资的类别或品名设置明细科目。如固定资产和材料的明细科目。

总账科目是设置总账账户的依据，明细科目是设置明细账户的依据。总账科目是明细科目的综合，它对明细科目起控制作用；明细科目是总账科目的详细分类，是总账科目的具体说明，它对总账起补充和分析作用。

第二章 Dierzhang 财政总预算资产和负债的核算

【学习目标】 本章主要介绍财政资产、财政负债的含义、内容及其核算方法。通过学习要求学生：知道什么叫财政资产、财政负债；能说出财政资产和财政负债的内容；知道财政拨款的原则；能对财政资产和财政负债的基本业务准确熟练地进行账务处理。

第一节 财政资产的核算

资产是一级财政掌管或控制的能以货币计量的经济资源，包括财政性存款、有价证券、暂付及应收款项、预拨款项等。

一、财政性存款的核算

（一）财政性存款的概念

财政性存款是财政部门代表政府所掌管的财政资金。包括国库存款和其他财政存款。国库存款是指各级总预算会计在国库的一般预算存款和基金预算存款；其他财政存款是指未存入国库，根据国务院和财政部有关规定在指定的专业银行的各项财政性存款，主要有财政周转金存款、未设国库的乡（镇）财政在专业银行的预算资金存款以及部分由财政部指定存入专业银行的专用基金存款等。

（二）财政性存款的管理原则

财政性存款的支配权属于同级政府财政部门，并由总预算会计负责管理，统一收付。总预算会计在管理财政性存款中，应当遵循以下原则：

1. 集中资金，统一调度

各种应由财政部门掌管的资金，都应纳入总预算会计的存款账户。调度资金应根据事业进度和资金使用情况，保证满足计划内各项正常支出的需求，并要充分发挥资金效益，把资金用活用好。

2. 严格控制存款开户

财政部门的预算资金除财政部有明确规定者外，一律由总预算会计统一在国库或指定的银行开立存款账户。不得在国家规定之外将预算资金或其他财政性资金任意转存其他金融机构。

3. 根据年度预算或季度分月用款计划拨付资金

为了保证财政部门掌握的资金能够有效使用，确保年度预算的完成，必须根据年度预算编制季度分月用款计划，做到长计划短安排，以此办理款项的拨付。不得办理无计划、超预算的拨款。

4. 转账结算

总预算会计的各种会计凭证只能用以转账结算，不得提取现金。

5. 在存款余额内支付，不得透支。

（三）国库存款的核算

核算各级财政在国库的预算资金（含一般预算和基金预算）存款，应设置“国库存款”总账账户。借方登记国库存款增加数；贷方登记国库存款减少数。借方余额，反映国库存款的结存数。

该账户应按照一般预算存款和基金预算存款设置明细账，进行明细核算。

有外币收支业务的总预算会计应按外币的种类设置外币存款明细账。发生外币收支业务时，应根据中国人民银行公布的人民币外汇汇率折合为人民币记账，并登记外国货币金额和折合率。年度终了，应将外币账户余额按照期末国家银行颁布的人民币外汇汇价折合为人民币，作为外币账户期末人民币余额。调整后的各种外币账户人民币余额与原账面余额的差额，作为汇兑损溢列入有关支出科目。

[例 2-1] 某市财政局，收到国库报来“预算收入日报表”列明一般预算收入合计 2000000 元，基金预算收入合计 600000 元。会计分录如下：

借：国库存款——一般预算存款 2000000

——基金预算存款 600000

贷：一般预算收入 2000000

基金预算收入 600000

[例 2-2] 某市财政局，拨付本级行政单位正常经费 1000000 元，基金预算支出 180000 元。会计分录如下：

借：一般预算支出　　1000000
　　基金预算支出　　180000
　　贷：国库存款——一般预算存款　　1000000
　　　　　　　　——基金预算存款　　180000

（四）其他财政存款的核算

核算未列入“国库存款”账户反映的各项财政性存款，各级财政总预算会计应设置“其他财政存款”（资产类）账户。用以核算未设国库的乡（镇）财政在专业银行的预算资金存款以及部分由财政部指定存入专业银行的专用基金存款等。借方登记其他财政存款增加数；贷方登记其他财政存款减少数。借方余额，反映其他财政存款的实际结余数，其年终余额结转下年。

该账户应按照交存地点和资金性质分设明细账，进行明细核算。

[例 2-3] 某市财政局，通过本级预算支出安排取得粮食风险基金 200000 元。会计分录如下：

借：其他财政存款——专用基金存款　　200000
　　贷：专用基金收入　　200000

同时记：

借：一般预算支出　　200000
　　贷：国库存款——一般预算存款　　200000

（五）有价证券的核算

有价证券是中央财政以信用方式发行的国家公债。各级财政只能用各项财政结余购买国家指定由地方各级政府购买的有价证券。

有价证券应按取得时实际支付的价款记账，购入有价证券（含债券收款单）应视同货币妥善保管。当期取得有价证券的兑付利息及转让有价证券取得的收入与账面成本的差额，记入当期收入。

核算各级政府购买的有价证券，财政总预算会计应设置“有价证券”（资产类）账户。借方登记购入有价证券数额；贷方登记到期兑付有价证券本金数额，利息收入通过有关收入账户核算。该账户借方余额反映有价证券的实际库存数。

该账户应按照有价证券的种类和资金性质设置明细账，进行明细核算。

[例 2-4]　某市财政局，用预算结余 100000 元，基金预算结余 100000 元，购买国库券。会计分录如下：

借：有价证券——用预算结余购买　　100000

　　　　　——用基金预算结余购买　　100000

　贷：国库存款——一般预算存款　　100000

　　　　　　——基金预算存款　　100000

[例 2-5]　某市财政局，以前年度用预算结余资金购买的国库券 150000 元到期，兑付，收到本金 150000 元，利息 20000 元。会计分录如下：

(1) 兑付本金：

借：国库存款——一般预算存款　　150000

　贷：有价证券——用预算结余购买　　150000

(2) 收入利息：

借：国库存款——一般预算存款　　20000

　贷：一般预算收入　　20000

(六) 在途款的核算

由于库款的报解需要一定的结算时间，年终就会存在国库经收处或各级国库已经在年前收纳，但尚未划转到支库或尚未报解到各上级国库的款项。这些款项就称为在途款。

为了在年终决算中全面反映各级财政实际收支总额，解决上下年度间的库款结算问题，各级财政总预算会计应设置“在途款”（资产类）账户，用以核算决算清理期和库款报解整理期内发生的上下年度收入、支出业务及需要通过该账户过渡处理的资金数。借方登记决算清理期内收到的属于上年度的收入数及收回属于上年度的拨款或支出数；贷方登记冲转数。冲转后该账户无余额。

[例 2-6]　某市财政局，在决算清理期中收到国库报来收入日报表，列明收到属于上年度的一般预算收入 80000 元。会计分录如下：

(1) 在上年度账上记：

借：在途款　　80000

　贷：一般预算收入　　80000

(2) 在本年度新账上记:

借: 国库存款——一般预算存款　　80000

　　贷: 在途款　　80000

[**例 2-7**] 某市财政局，在决算清理期中收回属于上年度的基金预算支出 40000 元。会计分录如下:

(1) 在上年度账上记:

借: 在途款　　40000

　　贷: 基金预算支出　　40000

(2) 在本年度新账上记:

借: 国库存款——基金预算存款　　40000

　　贷: 在途款　　40000

(七) 国库单一账户体系

为了加强财政性资金管理与监督，提高资金运行效率和使用效益，从 2004 年开始，各地方财政部门着手进行国库管理制度的改革试点，实行国库集中收付，财政性资金通过国库单一账户体系存储、支付和清算。

1. 国库单一账户体系的构成

国库单一账户体系由国库单一账户、零余额账户、预算外资金财政专户、特设专户等四类账户构成。

各类账户的主要功能:

(1) 国库单一账户。用于记录、核算和反映纳入预算管理的财政收入和支出活动，以及与零余额账户进行清算，实现支付。国库单一账户由财政部门在中国人民银行或其分支机构开设，未设中国人民银行分支机构的地区在金库代理银行开设。

(2) 零余额账户。用于记录和反映预算资金的日常支付活动，并与国库单一账户清算。零余额账户分为两类：财政部门零余额账户和预算单位零余额账户。财政部门零余额账户用于财政直接支付，由财政部门在商业银行（代理银行）开设；预算单位零余额账户用于财政授权支付，可以办理转账、提取现金等规定的结算业务，账户由财政部门在商业银行（代理银行）为预算单位开设。

(3) 预算外资金专户。用于记录和反映预算外收入和支出活动，并对预算外资金的日常收支进行清算。预算外资金专户由财政部门在商业银行开设，它需按预算单位或资金性质设置收入分类账户，按预算单位设置支出分类账户。

(4) 特设专户。指经国务院和省级人民政府批准或授权财政部门开设的特殊过渡性专户。它用于记录和反映预算单位的特殊专项支出活动，并用于与国库单一账户清算。特殊专户由财政部门在代理银行为预算单位开设。

国库单一账户和零余额账户，构成了财政资金收支的基本账户。

2. 零余额账户的开设及其与国库单一账户的清算

国库单一账户体系，与现行制度下的账户体系有较大差别，主要表现就是零余额账户的开设及其与国库单一账户的清算。零余额账户又称夜晚零余额账户，该账户每个营业日中发生的借方或贷方余额在营业日终了，都要通过与国库单一账户清算而扫平归零。零余额账户的设置，保证了财政资金在支付实际发生前不流出国库单一账户。这一过程是通过财政国库支付执行机构会计进行的。财政国库支付执行机构会计是财政总预算会计的延伸，办理财政对各预算单位的款项支付，并将当日的支付情况按部门分“类”、“款”、“项”汇总编制“财政资金支出结算清单”报送财政总预算会计，总预算会计据此与国库和预算外资金财政专户代理银行划拨凭证核对无误后，分别列报预算内、外支出。

二、财政拨款的核算

(一) 财政拨款的概念

财政拨款亦称预算拨款，是按规定预拨给用款单位的待结算资金，包括预拨经费和基建拨款。

(二) 拨款的管理原则

1. 按预算拨款。各级总预算会计在办理预拨款项时，必须根据年初核定的年度预算和季度（分月）用款计划拨付，不得办理无计划、超预算的拨款。

2. 按事业进度和资金使用情况拨款。预算拨款，必须根据用款单位的实际用款进度情况拨付。既要保证资金需要，又要防止积压浪费；既要考虑本期计划需要，又要掌握上期资金使用和结存情况，以促进各单位合理、节约和有效地使用预算资金。

3. 按财政库存情况拨款。根据国库存款情况拨付，以保证预算资金调度的平衡。

4. 按预算级次拨款。对行政事业单位拨款，应按照用款单位的预算级次和审定的用款计划，逐级转拨，不得越级办理拨款。

（三）拨款的方式

预算拨款通常采用划拨资金方式。这种方式，就是由财政部门根据主管会计单位的申请按月开出预算拨款凭证，通知国库将预算资金划转到主管会计单位在银行的存款账户，再由主管单位按照预算规定的用途，逐级办理转拨或支用，月末由用款单位编报单位预算支出报表逐级汇总上报财政部门的一种拨款办法。

在国库集中收付办法下，财政对单位的拨款存在两种支付方式，按支付令发出主体的不同分为财政直接支付方式和财政授权支付方式。财政直接支付，是由预算单位按批准的部门预算和用款计划，向财政部门提出支付申请，财政部门审核无误后，向代理银行签发支付令，通知代理银行从财政零余额账户中付款给收款人，并同时向中国人民银行国库部门发出支付信息，通过清算，资金先由代理银行的财政零余额账户划到收款人银行账户，再从国库单一账户拨补到代理银行财政零余额账户。财政授权支付，是由预算单位按照批准的部门预算和用款计划，向财政部门提出授权支付的月度用款限额，财政部门批准月度用款限额后，通知代理银行，并同时通知中国人民银行国库部门，预算单位在月度用款限额内，自行开出支付令，通过财政国库部门转由代理银行从单位零余额账户中付款，经清算系统清算后，最后从国库单一账户付款，实现支付。

（四）财政拨款的核算

1. 划拨资金方式下的核算

(1) 预拨经费。预拨经费是用预算资金预拨给用款单位的款项。凡年度预算执行中总预算会计用预算资金预拨出应在以后各期列支的款项以及会计年度终了前预拨给用款单位的下年度经费款，均应作为预拨经费管理。

核算财政部门预拨给行政事业单位尚未列为预算支出的经费，各级财政总预算会计应设置“预拨经费”（资产类）账户，借方登记预拨经费数；贷方登记转列支出或收到用款单位缴回数。借方余额反映尚未转列支出或尚待收回的预拨经费数。

该账户应按照接受拨款单位设明细账，进行明细核算。

［例 2－8］ 某市财政局，预拨给市水利局水利款 2500000 元。会计分录如下：

借：预拨经费——市水利局 2500000

贷：国库存款——一般预算存款 2500000

［例 2－9］ 上述预拨水利款，经批准 2200000 元转列支出，收回余款 300000 元。会计分录如下：

借：一般预算支出 2200000

国库存款——一般预算存款 300000

贷：预拨经费——市水利局 2500000

（2）基建拨款。基建拨款是预拨给基本建设财务管理部门的基本建设款项。基建拨款应按拨付建设单位数转列支出账。

核算基建拨款，各级财政总预算会计应设置“基建拨款”（资产类）账户。借方登记拨出款项数；贷方登记基本建设财务管理部门拨付建设单位数及缴回财政数。借方余额反映尚未列报支出数。直接拨给建设单位的基本建设资金，不通过本账户核算。

该账户应按照接受拨款单位设明细账，进行明细核算。

［例 2－10］ 某市财政局，拨付基本建设财务管理部门基建资金 1500000 元。会计分录如下：

借：基建拨款 1500000

贷：国库存款——一般预算存款 1500000

［例 2－11］ 某市财政局接到基本建设财务管理部门基建支出月报。本期拨给建设单位基建款 1100000 元。会计分录如下：

借：一般预算支出 1100000

贷：基建拨款 1100000

在国库集中支付方式下，基建拨款额会在期初随着预算指标一起下达到用款单位，不再有单独的“基建拨款”业务。

2. 国库集中支付方式下的核算

（1）财政直接支付方式的核算。

①财政国库支付机构为预算单位直接支付款项时，根据财政直接支付凭证（回单）区别预算内、预算外资金按部门分“类”、“款”、

“项”列报相关支出，编制会计分录：

支付预算内资金时记：

借：一般预算支出——财政直接支付

基金预算支出——财政直接支付

贷：财政零余额账户存款

支付预算外资金时记：

借：行政事业支出——财政直接支付

专项支出——财政直接支付

基本建设支出——财政直接支付

贷：财政零余额账户存款

②财政国库支付机构收到国库和预算外财政专户代理银行汇总划拨凭证与“财政支出结算清单”核对无误后，送财政总预算会计结算资金，收到财政划付资金时，会计分录为：

预算内：

借：财政零余额账户存款

贷：已结报支出（预算内）——财政直接支付

预算外：

借：财政零余额账户存款

贷：已结报支出（预算外）——财政直接支付

③财政总预算会计对通过国库支付机构直接支付的资金，根据国库收付执行机构每日按部门分“类”、“款”、“项”汇总的“财政资金支出结算清单”与国库和预算外资金财政专户代理银行划拨凭证核对无误后，分别列报预算内、外支出。会计分录为：

预算内：

借：一般预算支出

基金预算支出

贷：国库存款

预算外：

借：行政事业支出

专项支出

基本建设支出

贷：财政专户存款

(2) 财政授权支付方式的核算。

①财政部门对批准下达各预算单位零余额账户用款额度，不作正式会计分录，但需要备查登记。

②单位对授权支付额度的实际使用，由国库支付机构根据单位零余额账户代理银行报来的“财政支出日（旬、月）报表”与国库和预算外财政专户代理银行汇总划拨凭证核对无误后，列报预算内、外支出，编制会计分录：

预算内：

借：一般预算支出——单位零余额账户额度

基金预算支出——单位零余额账户额度

贷：已结报支出（预算内）——财政授权支付

预算外：

借：行政事业支出——单位零余额账户额度

专项支出——单位零余额账户额度

基本建设支出——单位零余额账户额度

贷：已结报支出（预算外）——财政授权支付

③财政总预算会计对授权预算单位支付的资金，根据各代理银行汇总的预算单位零余额账户授权支付数，与国库和预算外资金财政专户代理银行划拨凭证及国库支付机构按部门分“类”、“款”、“项”汇总的“财政资金支出结算清单”核对无误后，分别列报预算内、外支出。会计分录为：

预算内：

借：一般预算支出

基金预算支出

贷：国库存款

预算外：

借：行政事业支出

专项支出

基本建设支出

贷：财政专户存款

三、债权的核算

（一）债权的概念

债权是各级财政总预算执行过程中往来结算形成的暂付及应收款项。包括在预算执行过程中上下级财政结算形成的债权以及对用款单位借垫款形成的债权。

（二）暂付款的核算

暂付款是指各级财政部门借给所属预算单位或其他单位临时急需的款项。核算暂付款项，各级财政总预算会计应设置“暂付款”（资产类）账户，借方登记借出数；贷方登记收回数或转作支出数。借方余额反映尚未结清的暂付款项。该账户应及时清理结算，年终，原则上应无余额。

该账户应按照资金性质及借款单位名称设置明细账，进行明细核算。

[例 2－12] 某市财政局，借给市教委 300000 元，用于维修危房。会计分录如下：

借：暂付款——市教委　300000

　　贷：国库存款——一般预算存款　300000

[例 2－13] 经批准，同意将市教委借款中的 200000 元转作一般预算支出，其余已收回。会计分录如下：

借：一般预算支出　200000

　　国库存款——一般预算存款　100000

　　贷：暂付款——市教委　300000

（三）与下级往来的核算

核算与下级财政的往来待结算款项，财政总预算会计应设置“与下级往来”（资产类）账户，借方登记借给下级财政款及体制结算中应由下级财政上交的收入数；贷方登记借款收回数、转作补助支出或体制结算应补助下级财政数。借方余额，反映下级财政应归还本级财政的款项；贷方余额，反映本级财政欠下级财政的款项，在编制“资产负债表”时应以负数反映。该账户应及时清理结算。应转作补助支出的部分应在当年结清；其他年终未能结清的余额，结转下年。

该账户应按照资金性质和下级财政部门名称设置明细账，进行明细核算。

［例 2-14］　某市财政局，经批准借给所属某县财政局临时周转款项 200000 元。会计分录如下：

借：与下级往来——某县财政局　　　　200000

　　贷：国库存款——一般预算存款　　　　200000

［例 2-15］　经批准，将上述借给某县财政局的款项 200000 元，转作补助支出。会计分录如下：

借：补助支出　　　　200000

　　贷：与下级往来——某财政局　　　　200000

第二节　财政负债的核算

负债是一级财政所承担的能以货币计量、需以资产偿付的债务。包括应付及暂收款项、按法定程序及核定的预算举借的债务。

一、应付及暂收款的核算

应付及暂收款项是在预算执行期间，上下级财政或财政与其他部门结算中形成的债务，包括结算中发生的暂存款、与上级往来款以及收到其他性质不明的款项等。

（一）暂存款的核算

暂存款是各级财政部门在预算执行过程中与各预算单位之间，由于某些特殊原因，临时发生的应付及暂收款项。

各级财政总预算会计应设置“暂存款”（负债类）账户，用以核算各级财政临时发生的应付、暂收和收到不明性质的款项。贷方登记收到的暂存款数；借方登记冲转退还或转作收入数。贷方余额，反映尚未结清的暂存款数。

该账户应按照资金性质、债权单位或款项来源设置明细账，进行明细核算。

［例 2-16］　某市财政局，收到某单位交来性质不明款项 180000 元。会计分录如下：

借：国库存款——一般预算存款　　　　180000

贷：暂存款——不明性质缴款——某单位 180000

［例 2-17］ 上述款项经查是上缴国库的罚没款，转作一般预算收入。会计分录如下：

借：暂存款——不明性质缴款——某单位 180000

贷：一般预算收入 180000

（二）与上级往来的核算

与上级往来是上下级财政之间由于财政资金的周转调度以及预算补助、上解结算等事项而形成的债务。

财政总预算会计应设置"与上级往来"（负债类）账户核算与上级的往来待结算款项，贷方登记从上级财政借入款或体制结算中发生应上交上级财政款；借方登记归还借款、转作上级补助收入数或体制结算中应由上级补给款。贷方余额，反映本级财政欠上级财政的款项；借方余额，反映上级财政欠本级财政的款项，在编制"资产负债表"时，以负数反映。该账户应及时清理结算，年终未能结清的余额，结转下年。

该账户应按照资金性质设置明细账，进行明细核算。

［例 2-18］ 某市财政局，向省财政厅借入临时借款 400000 元。会计分录如下：

借：国库存款——一般预算存款 400000

贷：与上级往来——一般预算往来 400000

［例 2-19］ 某市财政局，归还上述临时借款 300000 元，余款省财政厅同意转作补助。会计分录如下：

借：与上级往来——一般预算往来 400000

贷：国库存款——一般预算存款 300000

补助收入——一般预算补助 100000

二、借入款的核算

按法定程序及核定的预算举借的债务，是指中央预算按全国人民代表大会批准的数额举借的国内和国外债务以及地方预算根据国家法律或国务院特别规定举借的债务。

核算各级财政举借的债务，总预算会计应设置"借入款"（负债类）账户。贷方登记发行债券或举借债务数；借方登记到期偿还本金数。贷方余额，反映尚未偿还的债务。

该账户应按照债务种类或债权人设置明细账，进行明细核算。

[例2-20] 中央财政根据全国人大的决定，在国内发行一年期国库券100亿元。会计分录如下：

借：国库存款——一般预算存款　　10000000000

　　贷：借入款——国库券　　10000000000

[例2-21] 上述中央财政发行的一年期国库券到期，偿还本金100亿元，支付利息1000万元。会计分录如下：

借：借入款——国库券　　10000000000

　　一般预算支出　　10000000

　　贷：国库存款——一般预算存款　　10010000000

第三章 Disanzhang 财政总预算收入、支出和净资产的核算

【学习目标】 本章主要介绍财政收入、支出、净资产的核算。通过学习要求学生：能说出各项收入的概念、内容；知道预算收入的收纳、划分、报解的意思；能说出支出的内容，明白支出与收入的对应关系；知道办理预算支出的基本规定和支出列报口径；知道预算周转金的概念及意义；说出财政净资产的内容；掌握财政收入、支出和净资产基本业务的核算。

第一节 财政收入的核算

财政收入是国家为实现其职能，根据法令和法规所取得的非偿还性资金，是一级财政的资金来源。收入包括一般预算收入、基金预算收入、专用基金收入、资金调拨收入等。

一、一般预算收入的核算

（一）一般预算收入的概念

一般预算收入是通过一定的形式和程序，有计划、有组织地、由国家支配、纳入预算管理的资金。

一般预算收入按现行政府预算收入科目划分，包括各项税收、国有资产经营收益、国有企业计划亏损补贴、行政性收费收入、罚没收入、土地和海域有偿使用收入、专项收入、其他收入和一般预算调拨收入。

（二）一般预算收入的管理

1. 预算收入的组织机构

(1) 征收机关。主要有财政机关、税务机关、海关。对不属于上述机关征收范围的预算收入，以国家指定的负责征收的单位为征收机关。

(2) 国库。国库是办理预算收入的收纳、划分、留解和库款支拨的专门机构。国库分为中央国库和地方国库。

2. 预算收入的收纳

预算收入的收纳，是指缴款单位或缴款人把应缴预算收入缴入基层国库。

(1) 预算收入的缴库方式及其程序。

预算收入的缴库方式有直接缴库和集中汇缴两种方式。

直接缴库，是指由预算单位或缴款人按法律法规规定，直接将收入缴入国库单一账户（属预算内的）或预算外资金财政专户（属预算外的）的收入缴库方式。直接缴库方式不需设立各类过渡性账户。实行这种收缴方式的收入，包括税收收入、社会保障缴款、非税收入、转移和捐赠收入、贷款回收本金和产权处置收入以及债务收入。直接缴库的税收收入，由纳税人或税务代理人提出纳税申报，经征收机关审核无误后，由纳税人通过开户银行将税款缴入国库单一账户。社会保障缴款、非税收入、转移和捐赠收入、贷款回收本金和产权处置收入以及债务收入，比照上述程序缴入国库单一账户或预算外资金财政专户。

集中汇缴，是指由征收机关和依法享有征收权限的单位按法律法规的规定，将所收取的应缴收入汇总直接缴入国库单一账户（属预算内的）或预算外资金财政专户（属预算外的）的收入收缴方式。集中汇缴方式也不需使用过渡性账户。实行这种缴库方式的收入，包括小额零散税收和非税收入中的现金缴款。小额零散税收和法律另有规定的应缴收入，由征收机关于收缴收入的当日汇总缴入国库单一账户。非税收入中的现金缴款，比照本程序缴入国库单一账户或预算外资金财政专户。

(2) 预算收入的缴库凭证。缴款单位向国库缴纳预算收入，包括现金缴纳和转账缴纳，一律使用统一的缴款书。它是国库办理收纳预算收入唯一合法的原始凭证。我国的缴款书分为“税收缴款书”、“一般缴款书"、"专用缴款书"三种。

3. 预算收入的划分

按照现行"分税制"的财政预算管理体制规定，预算收入可划分为中央预算固定收入、地方预算固定收入、中央与地方共享收入三大类。将与中央权益密切相关和有利于实施宏观调控的税种划为中央固定收入，如关税等。将与地方经济发展关系密切；适合地方征管的税种划为地方固定收入，如营业税等。将收入数额较大、同经济发展直接相关的主要税种划为中央与地方共享收入，如增值税等。

4. 预算收入的报解

预算收入的报解是指通过国库向上级财政部门报告预算收入情况，并将属于上级财政的预算收入解缴到中心支库、分库和总库。各级预算收入的报解，原则上采取逐级报解的方法，但对支库收纳的中央预算收入和省级预算收入，可采取直接向分库报解的办法。

（三）一般预算收入的核算

一般预算收入一般以本年度缴入基层国库（支金库）的数额为准。

核算一般预算收入，各级财政总预算会计应设置"一般预算收入"（收入类）账户。贷方登记国库报来收入日报表所列当日预算收入数，当日收入数为负数时，以红字记入（采用计算机记账的用负数反映）；年终结账时，将贷方余额全数转入"预算结余"账户，转账后本账户无余额，平时贷方余额反映一般预算收入累计数。

该账户应按照《政府预算收支科目》中的"一般预算收入科目"（不含一般预算调拨收入类）设置明细账户，进行明细核算。

[例 3-1] 某市财政局，收到同级国库报来的"预算收入日报表"及所附收入凭证，列明当日一般预算收入为 210000 元。会计分录如下：

借：国库存款——一般预算存款　　　　210000

　　贷：一般预算收入　　　　　　　　　　210000

[例 3-2] 某市财政局，收到同级国库报来的"预算收入日报表"及所附收入凭证，列明当日一般预算收入为负数 170000。会计分录如下：

借：国库存款——一般预算存款　　　　[170000]

贷：一般预算收入 170000

二、基金预算收入和其他收入的核算

（一）基金预算收入的核算

基金预算收入是按规定收取、转入或通过当年财政安排，由财政管理并具有指定用途的政府性基金等。

核算各项基金预算收入，各级财政总预算会计应设置“基金预算收入”（收入类）账户。贷方登记取得的基金预算收入数；年终转账时，将贷方余额全数转入“基金预算结余”账户贷方，转账后本账户无余额。平时贷方余额，反映当年基金预算收入累计数。

该账户应按照“基金预算收入科目”（不含基金预算调拨收入类）规定设置明细账，进行明细核算。

[例3-3] 某市财政局，收到国库报来的“预算收入日报表”列明当日基金预算收入为720000元。会计分录如下：

借：国库存款——基金预算存款 720000

　　贷：基金预算收入 720000

（二）专用基金收入的核算

专用基金收入是指财政部门按规定设置或取得的有规定用途，必须专款专用的各项基金，如粮食风险基金。

核算专用基金收入，各级财政总预算会计应设置“专用基金收入”（收入类）账户。贷方登记从上级财政部门或通过本级预算支出安排取得专用基金收入数；借方登记退回专用基金收入数及年终转入“专用基金结余”账户数额。平时贷方余额，反映当年专用基金收入累计数。

[例3-4] 某市财政局，从省财政厅取得粮食风险基金400000元。会计分录如下：

借：其他财政存款 400000

　　贷：专用基金收入 400000

三、资金调拨收入的核算

资金调拨收入是根据财政体制规定在各级财政之间进行资金调拨以及在本级财政各项资金之间的调剂所形成的收入。包括补助收入、上解收入和调入资金。

（一）补助收入的核算

补助收入是指上级财政按财政体制规定或因专项需要补助给本级财政的款项。

核算补助收入，财政总预算会计应设置“补助收入”（收入类）账户。贷方登记上级财政拨来的税收返还收入、按财政体制规定的补助款、对本级的专项补助和临时性补助；借方登记退还上级补助数；年终转账时，将贷方余额转入“预算结余”贷方。平时贷方余额反映上级补助收入累计数。

本账户下可按“一般预算补助”和“基金预算补助”进行明细核算。

[例 3－5] 某市财政局，收到省财政拨来的税收返还收入 310000 元。会计分录如下：

借：国库存款——一般预算存款 310000

贷：补助收入 310000

（二）上解收入的核算

上解收入是按财政体制规定由下级财政上交给本级财政的款项，包括按体制规定由国库在下级预算收入中直接划解给本级财政的款项，按体制结算后由下级财政补缴给本级财政的款项和各种专项上解款。

核算上解收入，财政总预算会计应设置“上解收入”（收入类）账户。贷方登记收到的下级上解款；借方登记收入退还数；年终转账时，本账户贷方余额全数转入“预算结余”账户贷方。平时贷方余额反映下级上解收入累计数。

该账户应按照上解地区设明细账，进行明细核算。

[例 3－6] 某市财政局，收到按体制结算后由所属某县补缴给本级财政的款项 100000 元。会计分录如下：

借：国库存款——一般预算存款 100000

贷：上解收入——某县 100000

（三）调入资金的核算

调入资金是为平衡一般预算收支，从预算外资金结余调入预算的资金，以及按规定从其他渠道调入的资金。

核算调入资金，财政总预算会计应设置“调入资金”（收入类）账户。贷方登记调入资金数；年终转账时，将本账户贷方余额转入“预算结余”账户贷方。

[例 3-7]　某市财政局，从基金预算结余中调入 800000 元，用于平衡一般预算收支。会计分录如下：

借：国库存款——一般预算存款　　800000

　　贷：调入资金　　800000

同时记：

借：调出资金　　800000

　　贷：国库存款——基金预算存款　　800000

第二节　财政支出的核算

财政支出是一级政府为实现其职能，对财政资金的再分配。包括一般预算支出、基金预算支出、专用基金支出、资金调拨支出等。

一、一般预算支出的核算

（一）一般预算支出的概念

一般预算支出是国家对集中的预算收入有计划地分配和使用而安排的支出。预算支出项目的具体划分和内容，按《政府预算支出科目》规定执行。

（二）一般预算支出的管理

1. 一般预算支出的列报口径

从总体上而言，财政总预算会计应以国库存款账户中支付给单位的资金数列报支出。具体为国库支付清算数、银行支付清算数、国库拨出数和预算单位结余暂存数。

——财政部门从国库存款账户中将资金直接支付给商品供应商或劳务供应者时，财政总预算会计按支付清算数列报支出。

——预算单位从银行零余额账户支取时，财政总预算会计按银行报来结算的银行支出清算数列报支出。

——财政部门对不通过零余额账户（非集中支付）拨付的专项经

费，直接划拨资金给单位时，财政总预算会计以国库存款户的拨出数列报支出；专项经费结余缴回时再冲减支出。

——对核准预算单位的年终结余留用数，财政总预算会计列预算支出，同时转入“暂存款”。

预算单位仍以单位的实际支出数列报支出，包括由财政直接支付的部分和财政授权预算单位自行支付的部分。

由此可见，财政总预算会计与预算单位会计列支的口径是不同的。从理论上讲，财政总预算会计的支出，反映财政资金分配的完成，预算单位会计的支出，反映消费的实现。

2. 办理预算支出的基本规定

(1) 严格执行《中华人民共和国预算法》。办理拨款支出必须以预算为准。预备费的动用必须经同级人民政府批准。

(2) 对主管部门（主管会计单位）提出的季度分月用款计划及分“款”、“项”填制的“预算经费请拨单”，应认真审核。根据经审核批准的用款额度申请，结合库款余存情况按时向用款单位办理支付。

(3) 总预算会计应根据预算管理要求和拨款的实际情况，分“款”、“项”核算，列报当期预算支出。

(4) 主管会计单位应按计划控制用款，不得随意改变资金用途。“款”、“项”之间如确需调剂，应填制“科目流用申请书”，报经同级财政部门核准后使用。总预算会计凭核定的流用数调整预算支出明细账。

总预算会计不得列报超预算的支出；不得任意调整预算支出科目；未拨付的经费，原则上不得列报当年支出。因特殊情况确需在当年预留的支出，应严格控制，并按规定的审批程序办理。

(三) 一般预算支出的核算

为了核算一般预算支出，总预算会计应设置“一般预算支出”(支出类）账户。借方登记总预算会计办理的预算直接支出、实行限额管理的基本建设单位银行支出数以及其他可以按拨款数列支的实际拨款数（国库集中支付方式下为财政直接支付数、授权行政事业单位零余额账户的已结报支出数）；贷方登记支出收回或冲销转账数。年终，本账户借方余额应全数转入“预算结余”账户借方。平时借方余额，反映预算支出累计数。

该账户应按照《政府预算收支科目》中的“一般预算支出科目”（不含一般预算调拨支出类）分“款”、“项”设置明细账，进行明细核算。

［例3－8］　某市财政局，接到市畜牧局报来“预算经费请拨单”，经审查同意拨款1800000元。会计分录如下：

借：一般预算支出　　1800000

　贷：国库存款——一般预算存款　　1800000

在国库集中支付方式下，上述业务一般表现为用款单位（此处为市畜牧局）对财政授权支付额度的申请。财政部门根据批准的年度预算和分月用款计划审核同意后，向用款单位（市畜牧局）代理银行下达授权支付额度，并由代理银行通知用款单位（市畜牧局）。此时财政总会计不作正式会计分录，但需要备查登记。

［例3－9］　某市财政局，收到建设银行报来月报，列明实行限额管理的基本建设单位银行支出数为2100000元。会计分录如下：

借：一般预算支出　　2100000

　贷：基建拨款　　2100000

在国库集中支付方式下，上述业务不再分为先拨款后列支两步骤，而是分由财政直接支付还是由财政授权单位支付两种情况处理。上述款项若为财政直接支付，财政总预算会计应根据国库支付机构每日报来的按部门分“类”、“款”、“项”汇总的“财政资金支出结算清单”与国库和预算外资金财政专户代理银行划拨凭证核对无误后，分别列报预算内、外支出。若为财政授权支付，则由财政总预算会计根据各代理银行汇总的预算单位零余额账户授权支付数与国库和预算外资金财政专户代理银行划拨凭证及国库支付机构报来的按部门分“类”、“款”、“项”汇总的“财政资金支出结算清单”核对无误后，分别列报预算内、外支出。会计分录为：

预算内：

借：一般预算支出

　贷：国库存款

预算外：

借：基本建设支出

　贷：财政专户存款

[例 3-10] 某市财政局，将上月预拨给市教委的职业学校经费1000000元转列本月支出。会计分录如下：

借：一般预算支出　　　　1000000

　贷：预拨经费　　　　1000000

在国库集中支付制度下，上月预拨经费表现为用款额度的下达，财政总预算会计只作备查记录，不作正式分录。各用款单位支用款项以后，由财政总预算会计根据各代理银行汇总的预算单位零余额账户授权支付数与国库和预算外资金财政专户代理银行划拨凭证及国库支付机构报来的按部门分"类"、"款"、"项"汇总的"财政资金支出结算清单"核对无误后，分别列报预算内、外支出。会计分录为：

预算内：

借：一般预算支出

　贷：国库存款

预算外：

借：行政事业支出

　贷：财政专户存款

[例 3-11] 某市财政局，收到市林业局报来专项经费报表，原拨付其非包干的专项经费为300000元，实际使用290000元，结余10000元缴回国库。会计分录如下：

借：国库存款——一般预算存款　　　　10000

　贷：一般预算支出　　　　10000

国库集中支付方式下的处理为用款额度的注销。

二、基金预算支出和其他支出的核算

(一) 基金预算支出的核算

基金预算支出是用基金预算收入安排的支出。基金预算支出应按规定的用途开支，并做到先收后支，量入为出。

核算基金预算支出，总预算会计应设置"基金预算支出"（支出类）账户。借方登记发生的基金预算支出数；贷方登记支出收回或冲销转账数。年终，借方余额应全数转入"基金预算结余"账户借方。平时借方余额，反映基金预算支出累计数。

该账户应按照"基金预算支出科目"（不含基金预算调拨支出类）

设置明细账，进行明细核算。

[例3-12] 某市财政局，收到市交通局报来的基金预算支出请拨单，经审查符合用款计划，拨付养路费500000元。会计分录如下：

借：基金预算支出——养路费支出　　500000

　　贷：国库存款——基金预算存款　　500000

国库集中支付方式下的处理参见［例3-8］。

（二）专用基金支出的核算

专用基金支出是用专用基金收入安排的支出。专用基金支出应按规定的用途开支，并做到先收后支，量入为出。

核算专用基金支出，总预算会计应设置“专用基金支出”（支出类）账户。借方登记发生的专用基金支出数；贷方登记支出收回或冲销转账数。年终，借方余额全数转入“专用基金结余”账户借方。平时借方余额，反映专用基金支出累计数。

[例3-13] 某市财政局，按有关文件拨付给粮食部门粮食风险基金400000元。会计分录如下：

借：专用基金支出　　400000

　　贷：其他财政存款——专用基金存款　　400000

三、资金调拨支出的核算

资金调拨支出是根据财政体制规定在各级财政之间进行资金调拨以及在本级财政各项资金之间的调剂所形成的支出，包括补助支出、上解支出、调出资金等。

（一）补助支出的核算

补助支出是本级财政按财政体制规定或因专项需要补助给下级财政的款项及其他转移支付的支出。

核算补助支出，总预算会计应设置“补助支出”（支出类）账户。借方登记拨付给下级财政的税收返还支出，按原财政体制结算应补助给下级财政的款项和专项补助、临时性补助；贷方登记支出退转数。年终，本账户借方余额应转入“预算结余”账户借方。平时借方余额反映补助支出累计数。

该账户下可按“一般预算补助”和“基金预算补助”进行明细核算。

[例 3-14] 某市财政局，拨给下属某县专项补助款 2600000 元。会计分录如下：

借：补助支出　　2600000

　　贷：国库存款——一般预算存款　　2600000

（二）上解支出的核算

上解支出是按财政体制规定由本级财政上交给上级财政的款项。

核算上解支出，总预算会计应设置"上解支出"（支出类）账户。借方登记按体制由国库在本级预算收入中直接划解给上级财政的款项，按体制结算应补解给上级财政的款项和各种专项上解款项；贷方登记支出退转数。年终，本账户借方余额全数转入"预算结余"账户借方。平时借方余额，反映上解支出累计数。

[例 3-15] 某市财政局，按体制结算后应补解给省财政预算款 120000 元，款已划解。会计分录如下：

借：上解支出　　120000

　　贷：国库存款——一般预算存款　　120000

（三）调出资金的核算

调出资金是为平衡一般预算收支而从基金预算的地方财政税费附加收入结余中调出，补充一般预算的资金。

核算调出资金，总预算会计应设置"调出资金"（支出类）账户。借方登记调出的基金预算结余数。年终，将本账户借方余额全数转入"基金预算结余"账户借方。

[例 3-16] 某市财政局，为平衡一般预算需要，从基金预算的地方财政税费附加收入结余中调出资金 1900000 元。会计分录如下：

借：调出资金　　1900000

　　贷：调入资金　　1900000

一般预算与基金预算分设存款账户的地方，应作如下账务处理：

借：调出资金　　1900000

　　贷：国库存款——基金预算存款　　1900000

借：国库存款——一般预算存款　　1900000

　　贷：调入资金　　1900000

第三节　财政净资产的核算

净资产是资产减去负债的差额，包括各项结余、预算周转金等。

一、结余的核算

结余是财政收支的执行结果。财政各项结余包括一般预算结余、基金预算结余和专用基金结余。

各项结余必须分别核算，不得混淆。各项结余应每年结算一次。年终将各项收入与相应的支出冲销后，即成为该项资金的当年结余。当年结余加上年年末滚存结余为本年年末滚存结余。

(一) 预算结余的核算

预算结余是各级财政一般预算收支的年终执行结果。其计算公式如下：

本年预算结余 = 一般预算收入 + 补助收入（一般预算补助）+ 上解收入 + 调入资金 − 一般预算支出 − 补助支出（一般预算补助）− 上解支出

本年滚存预算结余 = 上年末一般预算滚存结余 + 本年预算结余

各级财政总预算会计应设置“预算结余”（净资产类）账户。贷方登记年终转账时，从“一般预算收入”、“补助收入——一般预算补助”、“上解收入”、“调入资金”账户转入的全年贷方累计数；借方登记年终转账时，从“一般预算支出”、“补助支出——一般预算补助”、“上解支出”账户转入的全年借方累计数。根据本年预算结余增设预算周转金时，按增设数记入本账户借方。本账户年终贷方余额，反映本年的预算滚存结余数（含有价证券），转入下年度。

[例 3－17]　某市财政局，年终将“一般预算收入”账户贷方余额5000 万元，“补助收入（一般预算补助）”账户贷方余额 2000 万元，“上解收入”账户贷方余额 2000 万元、“调入资金”账户贷方余额 1000 万元，转入“预算结余”账户。会计分录如下：

借：一般预算收入　　　　　　　　　50000000

　　补助收入——一般预算补助　　　　20000000

上解收入　　　　　　　　　　20000000

调入资金　　　　　　　　　　10000000

贷：预算结余　　　　　　　　　　100000000

［例 3-18］ 某市财政局，年终将“一般预算支出”账户借方余额4000万元，“补助支出（一般预算补助）”账户借方余额1500万元，“上解支出”账户借方余额1500万元，转入预算结余。会计分录如下：

借：预算结余　　　　　　　　　　70000000

贷：一般预算支出　　　　　　　　　　40000000

补助支出——一般预算补助　　　　　　　　　　15000000

上解支出　　　　　　　　　　15000000

（二）基金预算结余的核算

基金预算结余是各级财政管理的政府性基金收支的年终执行结果。其计算公式如下：

本年基金预算结余 = 基金预算收入 + 补助收入（基金预算补助）- 基金预算支出 - 补助支出（基金预算补助）- 调出资金

本年滚存基金预算结余 = 上年基金预算结余 + 本年基金预算结余

为了进行基金预算结余的核算，各级财政总预算会计应设置“基金预算结余”（净资产类）账户。贷方登记年终转账时，从“基金预算收入”、“补助收入——基金预算补助”账户转入的全年贷方累计数；借方登记年终转账时，从“基金预算支出”、“补助支出——基金预算补助”、“调出资金”账户转入的全年借方累计数。贷方余额反映本年基金预算滚存结余，转入下年度。

［例 3-19］ 某市财政局，年终将“基金预算收入”账户贷方余额1000万元，“补助收入——基金预算补助”账户贷方余额500万元，转入“基金预算结余”账户。会计分录如下：

借：基金预算收入　　　　　　　　　　10000000

补助收入——基金预算补助　　　　　　　　　　5000000

贷：基金预算结余　　　　　　　　　　15000000

［例 3-20］ 某市财政局，年终将“基金预算支出”账户借方余额800万元，“补助支出——基金预算补助”账户借方余额400万元，“调出资金”账户借方余额100万元，转入“基金预算结余”账户。

会计分录如下：

借：基金预算结余 13000000

贷：基金预算支出 8000000

补助支出——基金预算补助 4000000

调出资金 1000000

（三）专用基金结余的核算

专用基金结余是各级财政总预算会计管理的专用基金的年终执行结果。其计算公式如下：

本年专用基金结余 = 专用基金收入 - 专用基金支出

本年滚存专用基金结余 = 上年专用基金结余 + 本年专用基金结余

为了进行专用基金结余的核算，各级财政总预算会计应设置“专用基金结余”（净资产类）账户。贷方登记年终转账时，从“专用基金收入”账户转入的全年贷方累计数；借方登记年终转账时，从“专用基金支出”账户转入的全年借方累计数。年终贷方余额反映本年专用基金的滚存结余，转入下年度。

［**例 3-21**］ 某市财政局，年终将“专用基金收入”账户贷方余额 400 万元，转入“专用基金结余”账户。会计分录如下：

借：专用基金收入 4000000

贷：专用基金结余 4000000

［**例 3-22**］ 某市财政局，年终将“专用基金支出”账户借方余额 300 万元，转入“专用基金结余”账户。会计分录如下：

借：专用基金结余 3000000

贷：专用基金支出 3000000

二、预算周转金的核算

预算周转金是为了调剂预算年度内季节性收支差额，保证及时用款而设置的周转资金。预算周转金一般用年度预算结余资金设置、补充或由上级财政部门拨入。预算周转金应根据《中华人民共和国预算法》要求设置，并不得随意减少。

核算预算周转金，各级财政总预算会计应设置“预算周转金”（净资产类）账户。贷方登记设置和补充预算周转金数；借方一般无发生额。

［例 3－23］ 某市财政局，经批准动用预算结余补充预算周转金 500000 元。会计分录如下：

借：预算结余　　500000

　贷：预算周转金　　500000

［例 3－24］ 某市财政局，收到省财政拨补本市的预算周转金 200000 元。会计分录如下：

借：国库存款　　200000

　贷：预算周转金　　200000

第四章 Disizhang 财政总预算会计报表

【学习目标】 本章主要介绍财政总预算会计报表的编制方法，会计报表的审核和分析方法。通过学习要求学生：能说出会计报表的种类和编制要求；会编制资产负债表，了解其他会计报表的编制方法；了解会计报表的审核、分析和汇总的基本内容。

第一节　会计报表的种类和编制要求

总预算会计报表是反映各级预算收支执行情况及其结果的定期书面报告，是各级政府和上级财政部门了解情况、掌握政策、指导预算执行工作的重要资料，也是编制下年度财政预算的基础。各级总预算会计必须定期编制和汇总预算会计报表。

一、会计报表的种类

按现行财政总预算会计制度规定，总预算会计报表有资产负债表、预算执行情况表、预算执行情况说明书及其他附表等。其他附表有基本数字表、行政事业单位收支汇总表以及所附会计报表。

总预算会计报表按报送的时期可分为旬报、月报、年报三种。

二、会计报表的编制要求

各级总预算会计报表要做到数字正确，报送及时，内容完整。

（一）数字正确

总预算会计报表的数字，必须根据核对无误的账户记录汇总。切实做到账表相符。不能估列代编，更不能弄虚作假。

（二）内容完整

总预算会计报表要严格按照统一规定的种类、格式、内容、计算方法和编制口径填制，以保证全国统一汇总和分析。汇总报表的单位，要把所属单位的报表汇集齐全，防止漏报。

（三）报送及时

各级总预算会计要加强日常会计核算工作，督促有关单位及时记账、结账。所有预算会计单位都应在规定的期限内报出报表，以便主管部门和财政部门及时汇总。

第二节　会计报表的编制方法

一、旬报的编制方法

旬报是反映月初至本旬为止的预算收支执行主要情况的报表，每月上、中旬各报一次，下旬免报，以月报代替，上报时只列报收支总数及一些主要的大类数。

各级财政部门在收到下级财政部门上报的旬报后，加上本级的预算收支数，逐级汇总上报。旬报要求及时、迅速。各省、自治区、直辖市的旬报要求在旬后三天内上报财政部。旬报可采用电话、电报或计算机网络传输的方式上报。

二、月报的编制方法

按月编制的报表主要有预算执行情况表、资产负债表等。

（一）预算执行情况月报

预算执行情况月报，反映从年初至本月末止的预算收支完成情况。按收支配比要求，具体分为一般预算收入月报、一般预算支出月报、基金预算收支月报。也可以将一般预算收支与基金预算收支合并编报。其基本格式见表 4－1、4－2。

（二）资产负债表

本表反映期末资产、负债、净资产、收入、支出的规模、结构情况。按照“资产＋支出＝负债＋净资产＋收入”的平衡公式设置。左方为资产部类，右方为负债部类，两方总计数相等。表中年初数按各

表 4-1　　　　年　　月份预算收入月报

编制单位：　　　　　　　　　　　　　　　　　　　　　　金额单位：

预算科目	当月数	累计数	预算科目	当月数	累计数

表 4-2　　　　年　　月份预算支出月报

编制单位：　　　　　　　　　　　　　　　　　　　　　　金额单位：

科目名称	本月完成数	累计完成数	科目名称	本月完成数	累计完成数

账户上年结转数填列；期末数则按各账户期末余额数填列。资产负债表格式见表 4-3。

三、年报的编制方法

总预算会计的年报，即各级政府决算，反映着年度预算收支的最终结果。

各级总预算会计，在会计年度结束前，应当全面进行年终清理结算，然后办理年终结账，据此编制总预算会计年报。

(一) 年终清理

年终清理，是指年终时，总预算会计对年度预算收支及有关经济业务进行全面清理、核对和结算。这是保证年报编制质量的一项重要准备工作。年终清理的主要事项如下：

1. 核对年度预算。预算数字是考核决算和办理收支结算的依据，也是进行会计结算的依据。年终前，各级总预算会计，应配合预算管理部门把本级财政总预算与上、下级财政总预算和本级各单位预算之间的全年预算数核对清楚。追加追减、上划下划数字，必须在年度终了前核对完毕。为了便于年终清理，本年预算的追加追减和企事业单位的上划下划，一般截至 11 月底为止。各项预算拨款，一般截至 12 月 25 日为止。

2. 清理本年预算收支。凡属本年的一般预算收入，都要认真清理，年终前必须如数缴入国库。督促国库在年终库款报解整理期内，迅速报齐当年的预算收入，应在本年预算支领列报的款项，非特殊原因，应在年终前办理完毕。

3. 清理基金预算收支和专用基金收支。凡属应列入本年的收入，应及时催收，并缴入国库或指定的银行账户。

4. 组织征收机关和国库进行年度对账。年度终了后，按照国库制度的规定，支库应设置十天的库款报解整理期（设置决算清理期的年度，库款报解整理期相应顺延）。各经收处 12 月 31 日前所收款项均应在“库款报解整理期”内报达支库，列入当年决算。同时，各级国库要按年度决算对账办法编制收入对账单，分送同级财政部门、征收机关核对签章。保证财政收入数字的一致。

5. 清理核对当年拨款支出。各级总预算会计对本级各单位的拨款支出应与单位的拨款收入核对清楚。对于当年安排的非包干使用的拨款，其结余部分应根据具体情况处理。属于单位正常周转占用的资金，可仍作为预算支出处理；属于应收回的拨款，应及时收回，并按收回数相应冲减预算支出；属于预拨下年度的经费，不得列入当年预算支出。

6. 清理往来款项。各级财政的暂收、暂付等各种往来款项要在年度终了前认真清理结算，做到人欠收回，欠人归还。应转作各项收入或各项支出的款项，要及时转入本年有关收支账户。

7. 清理财政周转金收支。各级财政预算部门或周转金管理机构应对财政周转金收支款项、上下级财政之间的财政周转金借入借出款项进行清理，同时对各项财政周转金贷放款进行清理。财政周转金明细账由财政业务部门核算的，各预算部门或周转金管理机构应与业务部门的明细账进行核对，做到账账相符，想办法收回在以前年度借出的财政周转金。

（二）年终结算

各级财政要在年终清理的基础上，结清上下级财政总预算之间的预算调拨收支和往来款项。要按照财政管理体制的规定，计算出全年应补助、应上解和应返还数额，与年度预算执行过程中已补助、已上解和已返还数额进行比较，结合借垫款项，计算出全年最后应补或应退数额，填制“年终财政决算结算单”，经核对无误后，作为年终财政结算凭证，据以入账。

[例 4-1] 某市财政局，根据“年终财政决算结算单”，列明年终尚欠省财政上解款 5000000 元，省财政应补未补该市专项补助 3000000 元。会计分录如下：

借：上解支出　　　　5000000
　　贷：与上级往来　　　　5000000
借：与上级往来　　　　3000000
　　贷：补助收入　　　　3000000

（三）年终结账

经过年终清理和结算，把各项结算收支记入旧账后，即可办理年终结账。年终结账工作一般分为年终转账、结清旧账和记入新账三个环节。

1. 年终转账。计算出各账户 12 月份合计数和全年累计数，结出 12 月末余额，编制结账前的“资产负债表”。再将应对冲转账的各个收入、支出账户余额，填制 12 月份的记账凭证（凭证按 12 月份连续编号，填制实际处理日期），分别转入“预算结余”、“基金预算结余”和“专用基金结余”账户冲销。

[例 4-2] 某市财政局，总预算会计根据 12 月末的有关账户余额，编制年终结账前的资产负债表，见表 4-3。

根据年终结账前的资产负债表，总预算会计编制记账凭证，办理年终转账业务。

（1）将全年一般预算收入、基金预算收入、专用基金收入、补助收入（一般预算补助）、上解收入、调入资金，分别转入预算结余、基金预算结余、专用基金结余账户。会计分录如下：

借：一般预算收入　　　　200000000
　　补助收入　　　　50000000
　　上解收入　　　　31000000
　　调入资金　　　　6000000

表 4-3　**资产负债表**

（结账前）

编报单位：××市财政局　　××年12月31日　　金额单位：万元

资产部类			负债部类		
科目名称	年初数	期末数	科目名称	年初数	期末数
资产			负债		
国库存款		8000	暂存款		2410
其他财政存款		2800	与上级往来		4000
有价证券		3800	借入款		3600
在途款			借入财政周转金		
暂付款		4000	负债合计		10010
与下级往来		6500	净资产		
预拨经费		6000	预算结余		6000
基建拨款		5200	基金预算结余		2000
财政周转金放款			专用基金结余		500
借出财政周转金			预算周转金		1500
待处理财政周转金		4710	财政周转基金		
资产合计		41010	净资产合计		10000
支出			收入		
一般预算支出		180000	一般预算收入		200000
基金预算支出		4000	基金预算收入		5000
专用基金支出		3300	专用基金收入		4300
补助支出		5700	补助收入		5000
上解支出		3400	上解收入		3100
调出资金		600	调入资金		600
财政周转金支出			财政周转金收入		
支出合计		197000	收入合计		218000
资产部类总计		238010	负债部类总计		238010

　　贷：预算结余　　2087000000

借：基金预算收入　　50000000

　　贷：基金预算结余　　50000000

借：专用基金收入　　43000000

贷：专用基金结余 43000000

(2) 将全年一般预算支出、基金预算支出、专用基金支出、补助支出（一般预算补助）、上解支出、调出资金、分别转入预算结余、基金预算结余、专用基金结余账户。会计分录如下：

借：预算结余 1891000000

贷：一般预算支出 1800000000

补助支出 57000000

上解支出 34000000

借：基金预算结余 46000000

贷：基金预算支出 40000000

调出资金 6000000

借：专用基金结余 33000000

贷：专用基金支出 33000000

2. 结清旧账。将各个收入和支出账户的借方、贷方结出全年总计数，然后在下面划双红线，表示本账户全部结清。

对年终有余额的账户，在“摘要”栏内注明“结转下年”字样，表示转入新账。

3. 记入新账。根据本年度各个总账账户和明细账户年终转账后的余额编制年终决算“资产负债表”（见表4-4）和有关明细表（不编记账凭证），将表列各账户的余额直接记入新年度有关总账和明细账各账户预留空行的余额栏内，并在“摘要”栏注明“上年结转”字样，以区别新年度发生数。

（四）编制年报

各级总预算会计在进行年终结账后，应根据上级财政部门颁发的决算编审办法和统一表格，编制总预算会计年报。

1. 资产负债表。资产负债表年报是在12月份资产负债表月报的基础上，按年终转账后相关账户的年末余额编制（见表4-4）。

2. 预算执行情况表。主要包括：一般预算收支决算总表及其收入决算明细表、支出决算明细表，基金预算收支决算总表及基金预算收支明细表等。报表应按财政部统一表格填制。

表4-4　　资产负债表

（结账后）

编报单位：××市财政局　　××年12月31日　　金额单位：万元

资产部类			负债部类		
科目名称	年初数	期末数	科目名称	年初数	期末数
资产			负债		
国库存款		8000	暂存款		2410
其他财政存款		2800	与上级往来		4000
有价证券		3800	借入款		3600
在途款			借入财政周转金		
暂付款		4000	负债合计		10010
与下级往来		6500	净资产		
预拨经费		6000	预算结余		25600
基建拨款		5200	基金预算结余		2400
财政周转金放款			专用基金结余		1500
借出财政周转金			预算周转金		1500
待处理财政周转金		4710	财政周转基金		
资产合计		41010	净资产合计		31000
支出			收入		
一般预算支出			一般预算收入		
基金预算支出			基金预算收入		
专用基金支出			专用基金收入		
补助支出			补助收入		
上解支出			上解收入		
调出资金			调入资金		
财政周转金支出			财政周转金收入		
支出合计			收入合计		
资产部类总计		41010	负债部类总计		41010

第三节　会计报表的审核、汇总和分析

一、会计报表的审核

为了保证总预算会计报表数字正确、内容完整、报送及时，如实

反映预算执行情况，各级财政总预算会计对于本级各主管部门和下级财政部门的会计报表，必须认真审核，以保证会计报表信息质量。

（一）政策性审核

收入方面，着重审查各项收入是否符合政策规定，应当上缴的收入是否及时、足额地缴入国库。

支出方面，着重审查各项支出的安排是否按预算计划办理，是否按规定的列报口径列支。

（二）技术性审核

主要审查报表的数字相互关系是否相符，填报的项目是否齐全，有无错填、漏填以及其他技术性差错。如决算报表之间的有关数字是否一致；上下级财政总决算之间、财政部门决算与单位决算之间的有关上解、补助、往来和拨款项目数字是否一致；各种报表中的数字与有关明细表的数字是否一致等。

二、会计报表的汇总

会计报表审核无误后，县以上各级总预算会计，除编制本级报表外，还要连同所属总预算会计报表，汇总成各本级总预算会计报表，逐级上报。在汇总中，应将本级财政的“与下级往来”和下级财政的“与上级往来”、本级财政的“上解收入”和下级财政的“上解支出”、本级财政的“补助支出”和下级财政的“补助收入”等核对无误后互相冲销，以免重复汇总。

三、会计报表的分析

财政部门的总预算会计报表，概括地反映了一定时期财政总预算执行的结果，但还不能反映出预算收支完成的好坏及其原因，所以有必要进行会计报表分析，以总结经验，肯定成绩，揭露矛盾，找出差距。通过分析，提出改进的措施，从而加强预算管理，提高管理水平。

（一）会计报表分析的内容

1. 预算收支完成情况的分析。主要分析预算收入、预算支出及主要项目的计划完成情况，查找出超收、短收以及超支、节约的原因。

2. 财政收支状况的分析。主要分析财政收支的规模、结构等，同时也要对财政资金运行状况进行分析。

（二）会计报表的分析方法

总预算会计报表分析一般采用比较分析法。本期实际数与预算数进行比较，可以考核预算收支的执行情况；本期实际数与上期实际数进行比较，可以分析预算收支的发展趋势；本期实际数与其他地区相同指标进行比较，可以找到差距，进而分析产生差距的原因，寻求有效的解决方法，不断提高预算管理工作的水平。

第五章 Diwuzhang 行政单位资产和负债的核算

【学习目标】 本章主要介绍行政单位资产和负债的含义、内容以及资产和负债业务的核算。通过学习要求学生：能说出行政单位资产的种类，能对各项资产业务进行正确的会计处理；能说出行政单位负债的内容，能对各项负债业务正确地进行会计处理。

第一节　行政单位资产的核算

资产是行政单位占有或使用的能以货币计量的经济资源，包括货币资金、材料、固定资产、暂付款等。

一、用款额度及货币资金

（一）财政授权用款额度

1. 财政授权用款额度的涵义

财政授权用款额度是在国库集中支付制度下，经各行政单位申请，财政部门审查批准，下达给各行政单位和代理银行的用款控制额度。

在国库集中支付制度下，财政不再在期初向各用款单位实拨资金，各单位的经费预算经财政部门审查批准后，资金由财政以两种方式供应：一部分财政直接支付，一部分财政授权用款单位支付。由财政直接支付的那部分资金，不经过用款单位的账户。用款单位要支用这部分资金，应先向财政部门提出用款申请，经财政审查批准后，由财政签发支付令通知代理银行将款项（经财政零余额账户）直接支付到收款人账户，并将已付款的凭证传到用款单位，用款单位则直接“享用”付款后的成果（接受商品和服务），按收到的已付款的单据记账，这种支付方式有种形象的说法叫做“只见物资不见钱”。授权用款单位支付的部分则由财政部门将用款控制数通知给用款单位和代理银行（单位零余额账户），在用款额度范围内，由用款单位签发财政授权支付凭证支用款项。

国库集中支付制度是国库集中收付制度的一个方面，国库集中收付制度是对财政资金实行集中收缴和集中支付的制度，由于其核心是通过国库单一账户体系对资金进行集中管理，所有财政性收入都通过国库单一账户体系直接缴入国库或财政专户，所有财政性支出都通过国库单一账户体系以直接支付或授权支付方式划付到收款人或用款单位账户，所以这种制度一般又称作国库单一账户制度。财政部、中国人民银行《财政国库管理制度改革试点方案》将我国财政国库账户设置为国库单一账户、零余额账户、预算外资金财政专户、小额现金账户和特设专户五类账户的集合，统称为国库单一账户体系，这一账户体系涵盖了所有财政性资金的管理。实行国库集中收付的目的是为了避免财政收入因层层上缴而出现的滞留、截留现象以及支出因层层下拨而出现的财政资金分散、截留、缺乏监督等弊端。

国库单一账户，由财政部门在中国人民银行开设，用于记录、核算和反映纳入预算管理的财政收入和支出，并与财政部门零余额账户进行清算，实现支付。所有财政资金在支付行为实际发生前均保存在国库单一账户内。

零余额账户，包括财政部门在代理银行开设的零余额账户（财政零余额账户）和财政部门为预算单位在代理银行开设的零余额账户（预算单位零余额账户），它与国库单一账户相互配合，构成财政资金支付过程的基本账户。通过此类账户可以实现财政资金日常支付以及与国库单一账户清算，即每当发生财政资金支付行为时，先由代理银行将实际应支付的款项垫付给收款人，每日终了后再由代理银行与中国人民银行国库单一账户进行清算，划转代理银行已垫付的资金。财政授权支付额度由财政部门下达到单位零余额账户。

单位零余额账户是实行国库制度改革后各单位的基本存款账户，根据各预算单位只能开设一个基本存款账户的规定，改革前原来的基本存款账户在其财政性资金使用完后应予以注销，但由于目前还处于过渡时期，原用于核算基本户存款情况的“银行存款”科目仍将保留，但其核算内容改为预算单位的自筹资金收入、以前年度结余、各项往来款项、不必上交财政的零星杂项收入、有偿服务收入等。

预算外资金财政专户，由财政部门在代理银行开设，用于记录、核算和反映预算外资金收入和支出，并对预算外资金日常收支进行清算。在国库单一账户体系内专门设置预算外资金专户，主要是考虑目前预算外资金来源较复杂，还有相当规模的财政性资金未纳入预算管理，难于一下子全部纳入国库单一账户，仍需要设置财政专户进行管理。但是，随着改革的不断深化，预算外资金也将逐步纳入国库单一账户管理。

小额现金账户，它由财政部门为预算单位在代理银行开设，用于记录、核算和反映预算单位的小额零星支出，并与国库单一账户进行清算。设置此类账户主要是方便预算单位日常发生的一些零星分散、数额小、支付频繁的支出。

特设专户，它是经国务院和省级人民政府批准或授权财政部门开设的特殊过渡性专户，用于记录、核算和反映预算单位的特殊专项支出活动，并用于与国库单一账户清算。由于现阶段政策性支出项目还比较多，对某些需要通过政策性银行封闭运行的资金支出，还需要设置特殊专户管理，如粮食风险基金、社会保障基金、住房基金等。

财政直接支付，是指预算单位按照批复的部门预算和资金使用计划，向财政国库支付执行机构提出支付申请，财政国库支付执行机构根据批复的部门预算和资金使用计划及相关要求对支付申请审核无误后，向代理银行发出支付令，并通知中国人民银行国库部门，通过代理银行进入银行清算系统实时清算，财政资金从国库单一账户划拨到收款人的银行账户。财政直接支付通过财政零余额账户与国库单一账户实现支付。实行财政直接支付的支出主要包括工资支出、购买支出和转移支出。

财政授权支付，是指预算单位按照批复的部门预算和资金使用计划，向国库支付执行机构申请授权支付的月度用款限额，国库支付执行机构将批准后的限额通知代理银行和预算单位，并通知中国人民银行国库部门，预算单位在月度用款限额内自行开具支付令，通过国库支付执行机构转由代理银行向收款人付款，并与国库单一账户清算。财政授权支付是通过预算单位零余额账户和小额现金账户与国库单一账户实现支付。实行财政授权支付的支出包括未实行财政直接支付的购买支出的零星支出。

2. 财政授权用款额度的核算

核算各行政单位零余额账户用款额度的变化情况，应设置“零余额账户用款额度”（资产类）账户，借方记财政下达的授权支付额度数，贷方记授权支付的支出数，余额在借方，平时余额反映尚未支用的限额数，年终余额应注销。若有跨年度使用的限额，经财政部门批准后，转入下年使用。

核算举例如下：

[**例 5-1**] 11 月 29 日临怡市劳教局收到代理银行转来的《授权支付额度到账通知书》(见表 5-1)，列示 12 月份财政授权支付额度为 300000 元（预算内）。

表 5-1　　授权支付额度到账通知书

××年 11 月 29 日

资金性质：预算内　　编号：GHY214-365

第 1 页/共 1 页

临怡市劳教局：你单位 12 月份的授权支付额度已经市财政局批准，特予通知。

银行（签章）：中国银行会计业务公章　　单位国标码：　　零余额账号：1458726920477

金额单位：元

科目编码			科目名称	项目（目级）编码	项目（目级）名称	财政授权支付额度	备注
类	款	项					
204	08	01	公共安全	劳教	行政运行	300000.00	
合计			人民币（大写）叁拾万元整				

本通知一式二联。第一联预算单位作记账凭证；第二联代理银行存档备查。

借：零余额账户用款额度——预算内　　300000

　　贷：拨入经费——财政授权支付　　300000

若收到的是来自于预算外资金财政专户的财政授权用款额度，则

记

借：零余额账户用款额度——预算外

　　贷：预算外资金收入——财政授权支付

［例 5－2］ 临怡市劳教局开出“财政授权支付凭证”（见表 5－2），从预算内额度中提取现金 4000 元备用。

表 5－2　　财政授权支付凭证

××年×月×日　　编号：ASD14786395

<table>
<tr><td rowspan="3">付款人</td><td>全　称</td><td></td><td rowspan="3">收款人</td><td>全　称</td><td colspan="11"></td></tr>
<tr><td>账　号</td><td></td><td>账　号</td><td colspan="11"></td></tr>
<tr><td>开户行</td><td></td><td>开户行</td><td colspan="11"></td></tr>
<tr><td colspan="2">资金性质</td><td></td><td colspan="2">结算方式</td><td colspan="11"></td></tr>
<tr><td colspan="2" rowspan="2">支付金额</td><td colspan="3" rowspan="2">人民币
（大写）</td><td>亿</td><td>千</td><td>百</td><td>十</td><td>万</td><td>千</td><td>百</td><td>十</td><td>元</td><td>角</td><td>分</td></tr>
<tr><td></td><td></td><td></td><td></td><td></td><td></td><td></td><td></td><td></td><td></td><td></td></tr>
<tr><td colspan="2" rowspan="2">用款单位</td><td colspan="2">一级预算单位名称</td><td colspan="12">一级预算单位名称</td></tr>
<tr><td colspan="2">基层预算单位名称</td><td colspan="12">基层预算单位名称</td></tr>
<tr><td colspan="2">用　途</td><td></td><td colspan="13">类：　款：　项：　目：</td></tr>
<tr><td colspan="4" rowspan="2">上述款项已办理
银行盖章　经办人
年　月　日</td><td colspan="12">备　注</td></tr>
<tr><td colspan="12"></td></tr>
</table>

借：现金　　4000

　　贷：零余额账户用款额度　　4000

［例 5－3］ 开出“财政授权支付凭证”，从预算内额度中支付水费 2800 元。

借：经费支出——财政直接支付（基本支出）（商品和服务支出）（水费）　　2800

　　贷：零余额账户用款额度　　2800

行政单位从“零余额账户用款额度”账户中支用的款项，先由代理银行垫支，每天营业终了前将当日实际支付的财政性资金，按一级预算单位分预算科目（款级）汇总，按预算科目分资金性质，分别填制划款申请，即《代理银行授权支付申请划款凭证》，附实际支付清单，按有关规定分别与国库单一账户和预算外资金财政专户进行资金清算，单笔支付额500万元人民币以上的，可以实时清算，由国库和预算外财政资金专户银行将资金划到代理银行。这样，财政资金的支出数与各行政单位的实际支用数一致，各单位限额内未用的款项，财政不用拨付给单位，资金存在国库，可由财政灵活调度，充分发挥作用，避免了实拨资金方式下资金分散于各单位的弊端，增强了财政综合平衡的能力。

"零余额账户用款额度"下按资金性质分设"预算内（财政拨款）"和"预算外（预算外资金专户）"两个明细账户进行明细核算，定期与财政部门核对财政支付数，与代理银行核对财政授权支付的额度数、支用款、结余数。财政授权支付的对账单由代理银行提供，经双方签证后的对账单由行政单位随同月份会计报表逐级上报。

（二）银行存款

各预算单位零余额账户开设后，单位的一切开支和资金往来都应通过零余额账户办理，其他一切账户应予以取消。但由于我国经济还处于转轨时期，财政管理制度改革也是一个渐进的过程，完全取消单位现已开设的账户还要经历一个过渡阶段，且技术上也有一定难度，特别是预算单位还有一些非财政性资金往来。在国库单一账户体系之外，还要暂时保留部分账户。保留的账户要符合有关规定，在清理的基础上报财政部门审批、备案。

现阶段各行政单位可以保留的账户有：基本建设资金专用存款账户，售房款、住房维修基金及利息、个人公积金、购房补贴专用存款账户，党团费、工会经费专用存款账户，外汇账户、外汇人民币限额账户等。

单位零余额账户是实行国库制度改革后各单位的基本存款账户，根据各预算单位只能开设一个基本存款账户的规定，改革前原来的基本存款账户在其财政性资金使用完后应予以注销，但由于目前还处于过渡时期，原用于核算基本户存款情况的"银行存款"科目仍将保留，但其核算内容改为预算单位的自筹资金收入、以前年度结余、各项往来款项、不必上交财政的零星杂项收入、有偿服务收入等。

"银行存款"（资产类）账户，借方记存款的增加数，贷方记存款的减少数，借方余额反映银行存款的结存数。

核算举例如下：

[**例 5-4**] 外单位租借本单位礼堂，收到租金收入3000元。

借：银行存款 3000

贷：其他收入 3000

[**例 5-5**] 收到废旧物品变价收入600元（现金），送存银行。

借：现金 600

贷：其他收入 600

借：银行存款 600

贷：现金 600

[**例 5-6**] 收到外单位汇入的在本单位学习进修人员的工资2000元。

借：银行存款 2000

贷：暂存款 2000

银行存款除设总账进行总分类核算，还应设“银行存款日记账”进行明细分类核算，并定期与银行对账。

（三）现金

1. 现金的管理

现金，是指存放在行政单位内部的现金或货币资金，包括库存的人民币和外币。它是可以立即投入流通的交换媒介，既可随时用于购买物品，支付费用，偿还债务，也可随时存入银行，是一种流动性最大的资产。因此行政单位应严格遵守国家有关现金管理的制度，加强对现金收支的日常管理，正确进行现金收支的核算。

现金管理的内容包括现金的实物管理、现金的使用管理、现金的限额管理和现金的内部控制制度等。

（1）现金的实物管理。对库存在单位的现金实物，应切实做好保管工作，防止遗失、被盗和毁损。首先应明确主要责任人，各单位的现金应由出纳保管，出纳是主要责任人。对主要责任人要进行资金安全教育，提高其安全意识。同时可采取一些配套安全措施，如使用保险柜，安装防盗门、防盗窗、报警器，配备保安人员，配备防火设施，减少库存数量，逐日清点等。

（2）现金的使用管理。第一，按规定的范围内使用。国务院发布的《现金管理暂行条例》对现金的支付范围作了明确规定，各单位应在规定的范围内使用现金，不属于现金结算范围的款项收付，一律通过银行进行转账结算。各单位可在下列范围内使用现金：

①个人的工资、津贴；

②个人的劳务报酬；

③根据国家规定颁发给个人的科学技术、文化艺术、体育等各类奖金；

④各种劳保、福利费用以及国家规定的对个人的其他支出；

⑤向个人收购农副产品和其他物资的价款；

⑥出差人员的必须携带的差旅费；

⑦结算起点以下的零星支出；

⑧中国人民银行确定需要支付现金的其他支出。

第二，收支两条线，不得“坐支”。各单位收入的现金应于当日送存银行，当日送存确有困难的，由开户银行确定送存时间。需要支付现金时，从本单位限额库存的现金中支付，或从银行提取，不得从单位的现金收入中直接支付，即不得“坐支”，实行收支两条线。若因特殊情况确需坐支现金的，应事先报经开户银行审查批准，由开户银行核定坐支范围和限额。坐支单位应定期向开户很行报送坐支金额和使用情况。

第三，应严格现金收付手续。出纳人员要根据经审核无误的合法凭证办理现金收付，不准用不符合财务制度的凭证顶替现金，即不得“白条抵库”。不准谎报用途套取现金；不准用银行账户代其他单位和个人存入或支取现金；不准将单位收入的现金，以个人名义存储，不准保留账外公款，即不得“公款私存”，不得设置“小金库”等。

（3）现金的库存限额管理。现金库存限额是指为了保证行政单位日常零星开支的需要，允许行政单位留在单位的现金的最高数额。现金限额的管理主要包括以下内容：

第一，日常零星开支所需现金的最高库存限额由行政单位提出申请，开户银行根据行政单位的实际情况予以核定，一般为3－5天的日常零星开支需要量。边远和交通不便地区的行政单位，库存现金限额可适当放宽，但不得超过15天的正常需要量。

第二，每天下班时库存现金结存数，不得超过核定的限额，超过部分应送存银行，恢复零余额账户用款额度，以保证现金的安全。如需调整库存限额，应向开户银行提出申请，由开户银行核定。

(4) 现金的内部控制制度。为保证现金的安全完整，还需要利用内部控制制度来加强管理，防止意外。内部控制制度一般包括以下内容：

第一，岗位分设，互相监督。为了保证现金的安全，防止各种错误、弊病的发生，会计与出纳要分开，会计管账不管钱，出纳管钱不管账，即现金的收进和支付由出纳完成，但反映现金收入、付出的凭证的填制、总账的登记由会计完成，互相牵制。

第二，建立现金的各种会计处理规程。包括现金凭证的传递、账簿登记的程序、规则，原始凭证的复核制度、收据或发票的编号或销号制度，现金日记账的日清月结制度等。

第三，遵守现金管理的有关规定。库存现金限额一旦核定，就要严格遵守，多余的现金送存银行，如果当天不能送存，第二天一定要送存银行；不足部分应从银行提款补充，不能用收入来弥补；所有的支出，超过一定限额时，应使用支票或其他结算方式，不能用现金支付。

第四，定期或不定期地对现金进行清查，做到日清月结，账实相符。

如果行政单位违反现金收支日常管理的规定，开户银行有权责令其停止违法行为，并根据情节轻重给予警告或罚款；情节严重的，可在一定期限内停止对该单位的贷款或停止对该单位的现金支付。

2. 现金的核算

为总括地反映库存现金的收入、支出和结存情况，应设置“现金”(资产类) 账户。借方登记现金的增加数；贷方登记现金的减少数，借方余额反映现金的结存数。“现金”总分类账户由出纳以外的会计人员根据审核无误的记账凭证进行登记。

核算举例如下：

[例 5-7] 开出“财政授权支付凭证”，提取现金 5000 元备用。

借：现金　　5000

　　贷：零余额账户用款额度　　5000

[例 5-8] 王涛出差，经批准借差旅费 3000 元。

借：暂付款——王涛 3000

贷：现金 3000

[例5-9] 李明报销邮寄费60元，付给现金。

借：经费支出——财政授权支付（基本支出）（商品和服务支出）（邮电费） 60

贷：现金 60

各行政单位除设置现金总账外，还应设置现金日记账，对涉及现金收支的原始凭证，应先由出纳人员登记“现金日记账”，每日结计出收入合计数、支出合计数、结余数，将结余数与实际库存数核对相符后，连同原始凭证一并交会计核收记账。

3. 现金的清查

现金的清查是指库存现金的盘点与核对，包括出纳人员每日终了前进行的现金账款核对和清查小组进行的定期或不定期的现金盘点、核对。清查小组清查时，出纳员必须在场，清查的内容主要是检查是否有挪用现金、白条抵库、超限额留存现金以及账款相符等。

对现金清查的结果，应编制“库存现金盘点报告表”列明实存、账存和长、短款金额，并由出纳人员和盘点人员签字盖章。如有长、短款，应查明原因，并及时请领导审批，在原因查明之前，应根据“库存现金日报表”调整账务。若有长款，先作“暂存款”，若有短款，先用“暂付款”，待查明原因后进行冲销。能查明原因的，经批准后冲销“暂存款”或“暂付款”，并作出相应的账务处理，存在违法、违纪情况的应进行严肃处理；不能查明原因的，经批准后冲销“暂存款”或“暂付款”，长款一般作“应缴预算款”处理，短款一般作“经费支出”处理。

（四）有价证券

有价证券是指发行主体经有关部门批准按法定程序发行，一般具有一定票面金额，表明持有人拥有发行主体一定股权或债权的凭证。

有价证券按发行主体不同可分为政府证券、金融证券和公司证券；按其所代表的权益性质不同可分为股权证券（如普通股股权和优先股股权）和债权证券（如国家公债和公司债券等）。

1. 行政单位购买有价证券的规定

行政单位购买有价证券，必须按国家有关规定办理：

（1）用结余资金购买。不能把购买有价证券列入支出预算，不能因购买有价证券而影响履行行政职责的财力保证。

（2）购买中央财政发行的国家公债。行政单位只购买中央财政发行的国家公债，不能购买其他有价证券。

（3）有价证券的利息收入和转让证券取得的收入与账面成本的差额，记入当期收入，反映在“其他收入”账户下。不能作为福利费处理或设立“小金库”。

（4）视同货币资金一样保管，注意安全，做到账券相符。

2. 有价证券的核算

为核算有价证券的购入、转让、兑付情况，应设置“有价证券”（资产类）账户，借方记购入数，贷方记转让、兑付数，余额在借方，反映单位库存的有价证券数。

核算举例如下：

［例 5－10］ 用结余资金购买年利率为 3.56%的国债 10000 元。

借：有价证券　　10000

　　贷：银行存款　　10000

［例 5－11］ 接［例 5－10］，两个月后该单位将该批国债全部转让，收进款项 10800 元。

借：银行存款　　10800

　　贷：有价证券　　10000

　　　　其他收入——利息　　800

二、暂付款项

（一）暂付款的内容及其管理

行政单位的暂付款主要是行政单位在公务活动中与所属单位、其他单位及本单位职工发生的临时待结算款项。一般包括预付的设备款、职工预借的差旅费、报销单位领用的备用金。

对暂付款管理，要求做到严格控制，健全手续，及时清理。

（1）严格控制。就是掌握少量、短期、必需、安全的原则。对暂付待结算的款项，要认真审查，防止造成呆账。

（2）健全手续。就是要建立暂付款回收的责任制，制订相应的审批制度，完善审批手续。

(3) 及时清理。就是要经常检查回收情况，督促经办人员及时结算清理，完善审批手续。

(二) 暂付款的核算

为了核算待结算的暂付款项和应向其他单位和个人收取的款项，行政单位应设置“暂付款”（资产类）账户。借方记暂付款项的发生数，贷方记结算减少数。借方余额反映尚未清理结算的暂付款。年终应尽量结清，确实无法结清的结转下年。暂付款应按债务人（单位或个人）进行明细核算。

核算举例如下：

[**例 5-12**] 李想出差，借差旅费 2000 元，以现金付讫。

借：暂付款——李想 2000

贷：现金 2000

[**例 5-13**] 李想出差回来，报销差旅费 2800 元，原借 2000 元，补付差额。

借：经费支出——财政授权支付（商品和服务支出）（差旅费） 2800

贷：暂付款——李想 2000

现金 800

[**例 5-14**] 为购买材料（非政府采购项目），向长江公司预付货款 6000 元，开出财政授权支付凭证，通知代理银行付款。

借：暂付款——长江公司 6000

贷：零余额账户用款额度 6000

三、库存材料

(一) 库存材料的管理

行政单位的材料是指大宗购买进入仓库，并陆续耗用的行政用材料。如备用的修理用材料、取暖材料、大宗办公用品、工具器具等。

行政单位的材料按其使用特点可分两类：一类是使用后立即消耗或逐渐消耗而不能复原的材料，一类是能反复使用但不够固定资产标准的低值易耗品。

行政单位的工作性质决定了行政单位使用的材料用量不太大、品种也不太多，因而行政单位不一定要建立专门的材料仓库，或者建立专门的材料仓库但不一定必须将材料入库，可不设“库存材料”账户。单位购入数量不大或随买随用的办公用品，可按购入数直接列支，不作库存材料核算，但仍存在材料的采购管理、收发管理等问题。

行政单位在执行预算过程中，所需要的材料一般通过采购或有偿调拨方式取得。对于购入、有偿调入的材料，应严格按计划办理，先由各材料使用部门根据工作需要，提出材料使用计划，然后由材料管理部门根据材料使用计划和材料库存情况，编制材料采购计划，经财务部门审核并报单位行政负责人或其授权人批准后按计划执行。采购人员按计划购入材料，办理验收后，持经部门领导签字的发票到财务部门报销。大型购物（政府集中采购目录及标准所列项目的物品、服务采购）活动应通过政府采购完成。

材料管理部门在采购完成后，要严格执行材料的验收、入库、保管、出库制度。验收入库时，要检查所购入的材料在品种、规格、性能、质量、数量或重量等方面，是否与发货票、供销合同以及采购计划相一致；对验收合格的材料，应由验收人员在原始凭证上盖“验收”戳记，并填列“材料入库单”一式两份，一份由库管部门留存，作为登记材料明细账的依据；一份由经办人连同原始凭证交财务部门。材料出库要由领料人填写“领料单”，经领料部门负责人签章后作为领料的依据，库管人员审核“领料单”并根据其要求发料，同时由领发双方在“领料单”上签章并加盖“发讫”戳记，作为登记材料明细账的依据。总之，行政单位的材料数量不多，应按库存材料的类别、品种等有关项目设置明细账，并根据库存材料的入库、出库单进行逐笔登记。

行政单位如不设专门的材料仓库，不设“库存材料”科目，但应配备专（兼）职材料保管员。保管员应设立材料收、发登记簿，进行材料的收发领用登记。

（二）材料的核算

1. 材料的计价

（1）行政单位购入、有偿调入的库存材料，分别以购价、调拨价作为材料入账价格。材料采购、运输过程中的运杂费、差旅费等不计入材料价格，直接作有关支出处理。

（2）材料出库可根据实际情况采用先进先出法或加权平均法确定其价值。

先进先出法是假设以先入库的材料先出库，并依次按入库单价计算发出材料金额的一种方法。

采用先进先出法，发出材料成本是按照先购进先发出原则计算确定的，因此期末库存材料金额比较接近现行的市场价格。

［例 5－15］ 某行政单位××年甲种材料明细账如表 5－3 所示，在明细账中，采用先进先出法计算发出材料和期末库存材料的金额。

表 5－3　　材料明细账

材料名称及规格：甲　　计量单位：千克

最高存量：　　最低存量：

×年		凭证编号	摘要	收入			发出			结存		
月	日			数量	单价	金额	数量	单价	金额	数量	单价	金额
1	1		期初余额							300	50	15000
	10		购入	900	60	54000				300 900	50 60	15000 54000
	11		发出				300 500	50 60	15000 30000	400	60	24000
	17		购入	600	70	42000				400 600	60 70	24000 42000
	21		发出				400 400	60 70	24000 28000	200	70	14000
	23		购入	200	80	16000				200 200	70 80	14000 16000
	31		本月发生额及月末余额	1700		112000	1600		97000	200 200	70 80	14000 16000

加权平均法是以本月全部购进材料的数量加月初结存材料的数量为权数，去除本月全部购进材料总金额加月初结存材料总金额，计算出材料的加权平均单价，从而确定发出和库存的材料金额。计算公式如下：

$$\text{某种材料平均单价}=\frac{\text{月初库存该种材料总金额}+\text{本月购入该种材料总金额}}{\text{月初库存该种材料数量}+\text{本月购入该种材料数量}}$$

仍以上述甲种材料明细账为例，采用加权平均法计算发出材料金额如下：

甲种材料平均单位成本 = (15000 + 54000 + 42000 + 16000)

÷ (300 + 900 + 600 + 200)

= 63.50（元）

本月发出材料金额 = 1600 × 63.50 = 101600（元）

月末库存材料金额 = 400 × 63.50 = 25400（元）

采用加权平均法，只在月末一次计算加权平均单价，比较简单，而且在市场价格上涨或下跌时所计算出来的单位成本平均化，对材料成本的分摊较为折中。

2. 材料的核算

为核算行政单位各种材料的增减变化情况及结果，应设置“库存材料”（资产类）账户，借方登记购入、调入、盘盈等材料的增加数；贷方登记领用、损失、盘亏等减少数。借方余额反映库存未耗用的材料的实际价值。库存材料应根据需要适当分类，并按类别及品种等进行明细核算。

核算举例如下：

[例 5-16] 接［例 5-14］前已预付货款的长江公司材料到货，验收入库。实际金额为 6500 元（含税），另付运费 200 元，开出授权支付凭证，通知代理银行补付差额。

借：库存材料　　6500

　贷：暂付款　　6000

　　　零余额账户用款额度　　500

借：经费支出——财政授权支付（商品和服务支出）（专用材料费）　　200

　贷：零余额账户用款额度　　200

[例 5-17] 办公楼维修，从仓库领用维修材料（政府采购）100 千克，加权平均单价 10 元，计 1000 元。

借：经费支出——财政直接支付（商品和服务支出）（维修费）
1000

贷：库存材料 1000

[例5-18] 从星火公司购进办公用品计2600元，验收入库，约定30天后付款。

借：库存材料 2600

贷：暂存款——星火公司 2600

[例5-19] 月末盘点，发现甲材料（非政府采购）盘亏5千克，单价20元，经批准列作支出。

借：经费支出——财政授权支付（商品和服务支出）（其他商品和服务支出） 100

贷：库存材料 100

四、固定资产

（一）固定资产的范围

固定资产是指单价在规定的标准以上，使用年限在一年以上，且在使用过程中保持其原有实物形态的资产。

行政单位的一般设备，单价在500元以上，专用设备单价在800元以上，使用年限在一年以上的，都作为固定资产进行管理和核算。单价虽未达到规定标准，但使用年限在一年以上的大批同类物资，也作为固定资产管理，如图书。

（二）固定资产的分类

行政单位的固定资产按照性质进行分类，一般分为六类：

（1）房屋和建筑物，是指单位拥有占有权和使用权的房屋、建筑物及附属设施。其中，房屋包括办公用房、业务用房、库房、职工宿舍、职工食堂、锅炉房等；建筑物包括道路、围墙、水塔等；附属设施包括房屋和建筑物内的电梯、通讯线路、水气管道等。

（2）专用设备，是指单位根据业务工作的实际需要购置的各种具有专门性能和专门用途的设备，如专业仪器、设备等。

（3）一般设备，是指单位用于公务工作的通用设备，如办公用的家具、交通工具等。

（4）文物和陈列品，是指博物馆、展览馆、纪念馆等馆藏和展览的各种文物和陈列品，如古物、字画、纪念品等。

(5) 图书，是指专业图书馆、文化馆贮藏的书籍，以及行政单位贮藏的统一管理使用的业务用书，如单位图书馆（室）、阅览室的图书等。

(6) 其他固定资产，是指以上各类未包含的固定资产。

（三）固定资产的计价

现行制度对行政单位固定资产的计价，是按固定资产取得的方式分别规定的：

(1) 购入、调入的固定资产，按照实际支付的买价（含增值税）、调拨价，加上运杂费、保险费、安装费、车辆购置税记账。

(2) 自行建造的固定资产，按建造过程中发生的全部支出记账。

(3) 对现有固定资产进行改建、扩建，按改建、扩建发生的支出减去改建、扩建过程中的变价收入后的净增加值，增记固定资产。

(4) 接受捐赠的固定资产，按照同类固定资产的市场价格或根据所提供的有关凭证记账。接受捐赠固定资产时所发生的有关费用应记入固定资产价值。

(5) 无偿调入的固定资产，应当按估计价值记账。

(6) 盘盈的固定资产，按重置完全价值入账。

(7) 已投入使用但尚未办理移交转移手续的固定资产，可先按估计价值入账，待实际确定价值后，再进行调整。

购入固定资产过程中发生的差旅费，不计入固定资产价值。

已经入账的固定资产，其价值不得任意变动，但下列情况除外：

(1) 根据国家规定对固定资产价值重新估价；

(2) 增加补充设备或改良装置的；

(3) 将固定资产的一部分拆除的；

(4) 根据实际价值调整原来暂估价值的；

(5) 发现原来记录固定资产价值有错误的。

（四）固定资产的核算

行政单位设置“固定资产”和“固定基金”两个账户，进行固定资产的核算。

“固定资产”（资产类）账户，借方记固定资产购入、调入、自建、接受捐赠、盘盈等的增加数；贷方记调出、报废、盘亏等减少数。借方余额反映实存固定资产的价值。

“固定基金”（净资产类）账户，该账户反映固定资产的净值，与“固定资产”数保持一致。贷方记固定基金增加数；借方记固定基金减少数。贷方余额反映实存固定资产占用的基金数。

核算举例如下：

[例 5-20] 经批准，通过政府采购购置复印机一台，货款 21000 元，增值税为 3570 元，验收后交付使用。款项由财政直接支付，直接支付入账通知书已收到。“财政直接支付入账通知书”见表 5-4。

表 5-4　　财政直接支付入账通知书　　编号：

年　月　日　　第　页　共　页

基层预算单位：　　一级预算单位：　　单位：元

预算科目				项目（目级）编码	项目（目级）名称	资金性质	收款人全称	金额	备注
类	款	项	名称						
合计									

以上事项，已由市财政局国库收付分局直接支付，请据以入账。＿＿＿＿银行（印章）　日期：

本通知一式四联，第一联一级预算单位备查；第二联基层预算单位作记账依据；第三联市财政局国库收付分局备查；第四联代理银行备查。

借：经费支出——财政直接支付（其他资本性支出）（办公设备购置）　24570

　贷：拨入经费——财政直接支付（基本经费）　24570

借：固定资产　24570

　贷：固定基金　24570

[例 5-21] 经批准报废电视机一台，原价 3200 元，残值收入 200 元，收进现金。

借：固定基金 3200

贷：固定资产 3200

借：现金 200

贷：其他收入 200

[例 5-22] 通过政府采购购买业务用计算机5台，价款总计73100元，验收合格，交付使用。款项由财政直接支付。

借：经费支出——财政直接支付（基本支出）（其他资本性支出）（办公设备购置） 73100

贷：拨入经费——财政直接支付（基本经费） 73100

借：固定资产 73100

贷：固定基金 73100

[例 5-23] 开出财政授权支付凭证，购买文件柜5个，计2300元，验收合格，交付使用。

借：经费支出——财政授权支付（基本支出）（其他资本性支出）（办公设备购置） 2300

贷：零余额账户用款额度 2300

借：固定资产 2300

贷：固定基金 2300

有偿调入的固定资产的账务处理方法与购入固定资产，接受捐赠、无偿调入、盘盈固定资产相同，其账务处理方法是按有关凭证提供的固定资产价值，借记“固定资产”，贷记“固定基金”。固定资产报废发生的清理费用列“经费支出”，残值收入列“其他收入”处理。

（五）固定资产清理

固定资产是行政单位完成工作任务必不可少的物质条件，应加强管理，定期不定期地对固定资产进行清查。通过清查及时发现固定资产的盘盈盘亏情况，查明原因，调整账目，做到账实相符，发现单位在固定资产使用和管理中存在的薄弱环节，采取措施，堵塞漏洞，提高固定资产的利用率和使用效能，切实保证固定资产的安全完整。清查工作应有专人负责，并认真做好盘存记录。对账实不符的部分填制“固定资产盘盈盘亏报告表”，详细列明盘盈盘亏固定资产的名称、数量、金额等内容，调查盘盈盘亏的原因，提出处理意见，并报告单位领导，根据领导批复的意见处理。

一般地，盘盈的固定资产作增加资产处理，盘亏的固定资产，若属非责任原因，作减少资产处理，若属责任事故，由责任人赔偿。

第二节 行政单位负债的核算

负债是行政单位承担的能以货币计量，需要以资产偿付的债务。行政单位的负债是由于行政单位承担了一些代收任务以及资金运行中发生的待结算应付未付事项形成的。这些代收和应付的资金，不属于本单位所有，在未上缴或未付出之前，表现为负债。行政单位的负债主要有应缴预算款、应缴财政专户款、暂存款等。

一、应缴预算款与应缴财政专户款

（一）应缴预算款

1. 应缴预算款的内容

应缴预算款是指通过行政单位代收的属于财政预算收入（包括一般预算收入和基金预算收入）的款项。

应缴预算款的内容包括：罚没收入，无主财物变价款，赃款和赃物变价款，应纳入预算管理的基金收入，税费附加收入，行政性收费收入等。

2. 应缴预算款的管理

应缴预算款应当及时足额上缴国库，具体的缴款方式、缴款期限及其他缴款要求，按同级财政规定办理。但每月末不论是否达到额度，均应清理结缴，任何单位不得缓缴、截留和挪用。

3. 应缴预算款的核算

核算单位应缴预算的各种款项的应缴、已缴情况，应设置“应缴预算款”（负债类）账户。贷方记收到的应缴预算的款项，借方记已上缴的应缴预算款；贷方余额反映应缴未缴数，年末全部上缴后，本账户应无余额。应缴预算款的明细核算可视具体情况而定，如果业务不多可不设明细账。如果业务较多可按具体内容设专栏，采用三栏分析式账簿进行明细核算。

核算举例如下：

[例 5-24]　发放许可证照，收取工本费、手续费 13620 元，款项已送存银行。

借：银行存款　　13620

　　贷：应缴预算款——行政性收费收入　　13620

[例 5-25]　填列“缴款书”，将上述款项上缴国库。

借：应缴预算款　　13620

　　贷：银行存款　　13620

执行收支两条线管理办法，实行代收财政资金直接缴库方式的单位，不使用该科目。

（二）应缴财政专户款

1. 应缴财政专户款的内容及管理

应缴财政专户款是指行政单位按规定代收的应上缴财政专户的预算外资金收入。财政专户是财政预算外资金专户的简称。将预算外资金缴入财政专户，是加强预算外资金管理的一个有效方法。

行政单位的预算外资金是行政单位为履行或代行政府职能，依据国家法律、法规和具有法律效力的规章而收取、提取和安排使用的未纳入国家预算管理的各种财政性资金。主要包括：

（1）法律、法规规定的行政事业性收费、基金和附加收入等；

（2）国务院和省级人民政府及其财政、计划（物价）部门审批的行政事业性收费；

（3）国务院以及财政部审批建立的基金、附加收入等；

（4）主管部门从所属单位集中的上缴资金；

（5）用于乡镇政府开支的乡自筹和乡统筹资金；

（6）其他未纳入预算管埋的财政性资金。

此外，社会保障基金在国家财政建立社会保障预算制度以前，先按预算外资金管理制度进行管理。

国务院《关于加强预算外资金管理的决定》中规定：“预算外资金是国家财政性资金，不是部门和单位的自有资金，必须纳入财政管理。财政部门要在银行开设统一的专户，用于预算外资金收入和支出管理。部门和单位的预算外收入必须上缴同级财政专户，支出由同级财政按预算外资金收支计划和单位财务收支计划统筹安排，从财政专户中拨付，实行收支两条线管理。”

行政单位的预算外资金上缴同级财政专户的办法有三种：

一是全额上缴同级财政专户；

二是按确定比例上缴同级财政专户；

三是收支数额相抵后的结余数上缴同级财政专户。

2. 应缴财政专户款的核算

为核算行政单位应缴财政专户的预算外资金的收缴情况，应设置“应缴财政专户款”（负债类）账户。贷方记应上缴财政专户的预算外资金的收入数；借方记已上缴的数额。贷方余额反映应缴未缴数。年末全部上缴，本账户应无余额。

(1) 预算外资金全额上缴财政专户方式下的核算

收到预算外收入款项时：

借：银行存款

　　贷：应缴财政专户款

上缴财政专户时：

借：应缴财政专户款

　　贷：银行存款

收到财政按计划下达的预算外资金用款额度（授权支付）时：

借：零余额账户用款额度

　　贷：预算外资金收入——财政授权支付

单位使用上项资金时：

借：经费支出——×××

　　贷：零余额账户用款额度

(2) 预算外资金按确定比例上缴财政专户方式下的核算

收到预算外资金，按确定上缴比例：

借：银行存款

　　贷：应缴财政专户款（应上缴部分）

　　　　预算外资金收入（留用部分）

将上项应缴部分上缴时：

借：应缴财政专户款

　　贷：银行存款

(3) 预算外资金按收支结余上缴财政专户方式下的核算

收到预算外收入款项时：

借：银行存款

　　贷：预算外资金收入

使用预算外资金时：

借：经费支出——×××

　　贷：银行存款

年终计算预算外资金结余，对结余部分记：

借：预算外资金收入

　　贷：应缴财政专户款

上项结余部分上缴财政专户时：

借：应缴财政专户款

　　贷：银行存款

执行收支两条线管理办法，实行代收财政资金直接缴库方式的单位，不使用该科目。

二、暂存款

（一）暂存款的内容

行政单位的暂存款是指行政单位在业务活动中与其他单位和个人发生的待结算款项，包括临时性暂存款和应付款。临时性暂存款包括其他单位存入的押金、保证金、预收的劳务报酬以及性质不明的长款等。应付款包括赊欠其他单位的货款以及欠付职工的工资等。

行政单位应加强对暂付款的管理，不得将应纳入单位收入管理的款项列入暂存款项；对各种暂存款应及时清理、结算，不得长期挂账。

（二）暂存款的核算

核算行政单位发生的各种临时性暂存、应付等待结算的款项，应设置“暂存款”（负债类）账户。贷方记暂存、应付款项的发生数；借方记结算清偿数。贷方余额反映尚未结清的暂存、应付款。暂存款按对方单位或款项名称设明细账户进行核算。

核算举例如下：

［例 5－26］ 购进复印纸、油墨一批，计 2000 元，材料已验收入库，款未付。

借：库存材料　　　　　　　　　　　　　　2000

贷：暂存款　　　　　　　　2000

[例 5－27]　出租礼堂，收到保证金 3000 元。

借：银行存款　　　　　　　　3000

贷：暂存款　　　　　　　　3000

[例 5－28]　礼堂租用完毕，经结算租金收入为 2000 元，余款退还。

借：暂存款　　　　　　　　3000

贷：其他收入　　　　　　　　2000

银行存款　　　　　　　　1000

第六章 Diliuzhang 行政单位收入、支出和净资产的核算

【学习目标】本章主要介绍行政单位收入、支出、净资产的核算，通过学习要求学生：能说出行政单位收入的内容，能正确使用各收入科目对收入进行核算；熟悉经费支出的内容，特别是支出的经济分类的内容，能正确地进行支出的账务处理；能说出行政单位净资产的内容，会进行结余的核算。

第一节 行政单位收入的核算

收入是行政单位依法取得的非偿还性资金，包括财政预算拨款收入、预算外资金收入、其他零星收入等。行政单位的各项收入是其完成业务工作必须的财力保证。

一、拨入经费

（一）拨入经费的管理

拨入经费是指行政单位按核定的预算，从财政部门取得的预算经费，包括财政直接支付和财政授权支付两部分。

行政单位完成公务活动所需经费主要由财政供应。为加强财政资金的管理，预算法规定：凡接受财政拨款的单位，都应按部门预算的要求向财政部门编报预算，经批准的单位预算是财政供应资金的依据，凡是预算中没有安排的项目，财政一般不供应资金。在财政批复的计划用款总额内，各行政单位还要按季度向财政部门编报“分月用款计划”（见表6-1），包括财政直接支付用款计划和财政授权支付

用款计划两部分。经财政批准的分月用款计划，是各单位从财政取得经费的依据。

表 6-1　　　　基层预算单位分月用款计划

基层预算单位编码：　　　　年第　　　　季度　　　　月份

基层单位名称（盖章）：　　　　第　　页共　　页

资金性质：　　　　单位：元

<table>
<tr><td colspan="4">预算科目</td><td colspan="2">项目（目级）</td><td colspan="8">本期用款计划额度</td><td rowspan="3">备注</td></tr>
<tr><td colspan="3">科目编码</td><td rowspan="2">科目名称</td><td rowspan="2">项目编号</td><td rowspan="2">项目名称</td><td rowspan="2">合计</td><td colspan="5">财政直接支付</td><td rowspan="2">财政授权支付</td><td rowspan="2">其中：现金</td></tr>
<tr><td>类</td><td>款</td><td>项</td><td>小计</td><td>工资支出</td><td>工程采购</td><td>货物服务采购</td><td>其他</td></tr>
<tr><td></td><td></td><td></td><td></td><td></td><td></td><td></td><td></td><td></td><td></td><td></td><td></td><td></td><td></td><td></td></tr>
<tr><td></td><td></td><td></td><td></td><td></td><td></td><td></td><td></td><td></td><td></td><td></td><td></td><td></td><td></td><td></td></tr>
<tr><td></td><td></td><td></td><td></td><td></td><td></td><td></td><td></td><td></td><td></td><td></td><td></td><td></td><td></td><td></td></tr>
<tr><td></td><td></td><td></td><td></td><td></td><td></td><td></td><td></td><td></td><td></td><td></td><td></td><td></td><td></td><td></td></tr>
<tr><td></td><td></td><td></td><td></td><td></td><td></td><td></td><td></td><td></td><td></td><td></td><td></td><td></td><td></td><td></td></tr>
<tr><td></td><td></td><td></td><td></td><td></td><td></td><td></td><td></td><td></td><td></td><td></td><td></td><td></td><td></td><td></td></tr>
<tr><td></td><td></td><td></td><td></td><td></td><td></td><td></td><td></td><td></td><td></td><td></td><td></td><td></td><td></td><td></td></tr>
<tr><td colspan="4">合　计</td><td></td><td></td><td></td><td></td><td></td><td></td><td></td><td></td><td></td><td></td><td></td></tr>
<tr><td colspan="4" rowspan="2">单位负责人：</td><td colspan="2" rowspan="2">财务负责人：</td><td colspan="2" rowspan="2">经办人：</td><td colspan="3">财政局部门处审核</td><td colspan="4">市财政局国库处签章</td></tr>
<tr><td>处长</td><td>复核人</td><td>经办人</td><td>处长</td><td colspan="2">复核人</td><td>经办人</td></tr>
</table>

说明：本表一式四联，第一联财政局国库处留存；第二联财政局国库支付中心留存；第三联一级预算单位留存；第四联基层预算单位留存。

1. 财政直接支付

财政直接支付是指由财政部门开具支付令，通过国库单一账户体系，直接将财政资金支付到收款人（商品和劳务供应者）或用款单位账户。

实行财政直接支付的财政性资金包括用于工资支出、工程采购支出、大宗物品和服务购买支出、上级对下级的转移支付和其他具有特定用途项目的支出，具体包括：

（1）实行财政统发的行政事业单位在职职工工资和离退休人员经费；

（2）纳入政府集中采购的支出，即纳入政府集中采购目录及标准所列品目实行政府集中采购的支出；

（3）没有纳入政府集中采购，但单笔金额超过规定金额的支出；

（4）基本建设投资中年度财政性投资超过规定金额的工程采购支出；

（5）上级对下级的一般性转移支付（包括税收返还、原体制补助、过渡期转移支付、结算补助等），对企业的补贴和未指明购买内容的某些专项支出等；

（6）上级对下级的专项转移支付。

财政直接支付基本程序：预算单位按照批复的部门预算和资金使用计划，向财政国库支付执行机构提出支付申请，财政国库支付执行机构根据批复的部门预算和资金使用计划及相关要求对支付申请审核无误后，向代理银行发出支付令，并通知中国人民银行国库部门、预算外资金财政专户开户银行，通过代理银行进入银行清算系统实时清算，财政性资金从国库单一账户或预算外资金财政专户划拨到收款人的银行账户。

财政直接支付主要步骤如下：

（1）基层预算单位提出用款申请，填报《基层预算单位财政直接支付申请书》（见表 6-2）。基层预算单位需使用财政资金时，根据批复的用款计划，填报《基层预算单位财政直接支付申请书》，履行签字盖章等必要的手续后，报一级预算单位申请用款。

填报《基层预算单位财政直接支付申请书》时应注意：要严格区分预算内和预算外资金性质；两种不同性质的资金不能填在同一张申请书上；支出类型分为工资支出、工程采购支出、物品服务采购支出、直拨经费、转移支出五种类型；预算科目要按用款计划填到明细款项。

（2）一级预算单位审核后汇总，填报《财政直接支付汇总申请书》（见表 6-3）。一级预算单位对基层预算单位上报的《基层预算单位财政直接支付申请书》进行审核后汇总，填报《财政直接支付汇总申请书》，履行签字盖章等必要的手续后报财政部门。

表 6-2　　基层预算单位财政直接支付申请书

年　月　日　　申请书编号：

基层预算单位编码：　　一级预算单位编号：

基层预算单位名称（盖章）：　　一级预算单位名称：

支出类型：　　第　页共　页

资金性质：　　单位：元

序号	预算科目		项目		摘要	收款人			申请金额	上级预算单位审核意见
	编码	名称	编码	名称		全称	开户银行	银行账号		
1										
2										
3										
4										
5										
6										
7										
合计										

经办人：　　财务负责人：　　工程负责人：

本申请书一式三联，第一联报上一级主管单位；第二联报财政局国库支付中心；第三联申请单位留存；

说明：1. 上级预算单位如对支付申请有不同意见，需注明原因；

2. 申请单位提交的申请书及其所附支付凭证应真实、合法，并承担因其不真实、不合法而引起的付款责任；

3. 申请书申请支付的款项将全部用于预算规定的用途；

4. 申请书申请支付的款项完全符合年度预算和分月用款计划规定的类别及额度，并承担类别超支责任；

5. 申请书按预算科目(项级)填制(基本建设、政府采购、专项支出按项目填列)；

6. "支出类型"是指工资支出、工程采购支出，物品、服务采购支出，其中工程采购支出要有工程负责人签字；

7. "资金性质"是指预算内资金、预算外资金。

表6-3　　　　　　　财政直接支付汇总申请书

一级预算单位编码：　　　　　　　　　　　　财政国库支付中心审核编码：

一级预算单位名称（盖章）：　　　　　　　　财政直接支付汇总清算额度通知单编号：

支出类型：　　　　　　　　　　　　　　　　　　　　　　　第　　页共　　页

资金性质：　　　　　　　　　　　年　月　日　　　　　　　　　　　　单位：元

<table>
<tr><td rowspan="2">序号</td><td colspan="2">基层预算单位</td><td colspan="2">预算科目</td><td colspan="2">项目（目级）</td><td colspan="3">收款人</td><td rowspan="2">申请金额</td><td rowspan="2">财政局核定金额</td><td rowspan="2">财政直接支付凭证编号</td></tr>
<tr><td>编码</td><td>名称</td><td>编码</td><td>名称</td><td>编码</td><td>名称</td><td>全称</td><td>开户银行</td><td>银行账号</td></tr>
<tr><td>1</td><td></td><td></td><td></td><td></td><td></td><td></td><td></td><td></td><td></td><td></td><td></td><td></td></tr>
<tr><td>2</td><td></td><td></td><td></td><td></td><td></td><td></td><td></td><td></td><td></td><td></td><td></td><td></td></tr>
<tr><td>3</td><td></td><td></td><td></td><td></td><td></td><td></td><td></td><td></td><td></td><td></td><td></td><td></td></tr>
<tr><td>4</td><td></td><td></td><td></td><td></td><td></td><td></td><td></td><td></td><td></td><td></td><td></td><td></td></tr>
<tr><td>5</td><td></td><td></td><td></td><td></td><td></td><td></td><td></td><td></td><td></td><td></td><td></td><td></td></tr>
<tr><td colspan="10">合　计</td><td></td><td></td><td></td></tr>
<tr><td colspan="13">财政局核定金额合计（大写）</td></tr>
</table>

<table>
<tr><td colspan="3" rowspan="2">申请支付部门（签章）</td><td colspan="5">财政国库支付中心</td><td>备　注</td></tr>
<tr><td rowspan="2">主　任</td><td colspan="2">支付部</td><td colspan="2">审核部</td><td rowspan="3"></td></tr>
<tr><td>部门负责人</td><td>财务负责人</td><td>经办人</td><td>复核人</td><td>经办人</td><td>复核人</td><td>经办人</td></tr>
<tr><td>月　日</td><td>月　日</td><td>月　日</td><td>月　日</td><td>月　日</td><td>月　日</td><td>月　日</td><td>月　日</td></tr>
</table>

本申请书一式三联，第一联由国库支付中心会计部门留存；第二联由国库支付中心审核部门留存；第三联由支付申请部门留存。

说明：1. 申请书及其所附支付凭证应真实、合法，并承担因其不真实、不合法而引起的付款责任；

2. 申请书申请支付的款项将全部用丁预算规定的用途；

3. 申请书支付的款项完全符合年度预算规定的类别及额度，并承担因审核有误导致的超支责任；

4. “财政局核定金额”是指经财政局国库支付中心审查核定的数额；

5. “资金性质”是指预算内资金、预算外资金；

6. 财政国库支付中心审核编号、财政直接支付汇总清算额度通知单编号和财政直接支付凭证编号由财政国库支付中心填写。

(3) 财政部门签发支付令，开具《财政直接支付凭证》（见表6-4）。财政部门对一级预算单位报送的《财政直接支付汇总申请书》进行审核确认，开具《财政直接支付凭证》（见表6-4）送办理财政直接支付业务的代理银行，同时将相应的支出归类汇总填制《财政直接支付汇总清算额度通知单》，经财政分管国库工作的部门审核盖章后，送国库或预算外资金专户代理银行。

表 6-4　　　　财政直接支付凭证

资金性质：　　　　年　月　日　　　　编号：

<table>
<tr><td rowspan="3">付款人</td><td>全　称</td><td></td><td rowspan="3">收款人</td><td>全　称</td><td colspan="11"></td></tr>
<tr><td>账　号</td><td></td><td>账　号</td><td colspan="11"></td></tr>
<tr><td>开户行</td><td></td><td>开户行</td><td colspan="11"></td></tr>
<tr><td colspan="2">一级预算单位</td><td></td><td rowspan="4">类款项目</td><td colspan="12"></td></tr>
<tr><td colspan="2">基层预算单位</td><td></td><td colspan="12"></td></tr>
<tr><td colspan="2">归口处室</td><td></td><td colspan="12"></td></tr>
<tr><td colspan="2">结算方式</td><td></td><td colspan="12"></td></tr>
<tr><td colspan="5" rowspan="2">支付金额人民币
（大写）</td><td>亿</td><td>千</td><td>百</td><td>十</td><td>万</td><td>千</td><td>百</td><td>十</td><td>元</td><td>角</td><td>分</td></tr>
<tr><td></td><td></td><td></td><td></td><td></td><td></td><td></td><td></td><td></td><td></td><td></td></tr>
<tr><td colspan="2">用　途</td><td colspan="14"></td></tr>
<tr><td colspan="3">××财政局国库收付局盖章：</td><td>银行会计分录</td><td colspan="12">（借）
对方科目
复核员：　　记账员：</td></tr>
</table>

（4）代理银行划拨资金，出具《财政直接支付入账通知书》（见表 5-4）。办理财政直接支付业务的代理银行，根据财政国库支付执行机构开具的《财政直接支付凭证》办理资金拨付手续，将资金支付给收款人（拨付的款项由代理银行垫支）。代理银行在当日收到的支付指令，应当及时办理资金支付手续；当日确实无法办理的，于下一个营业日 10:00 前及时办理。

支付完成后，代理银行向一级预算单位出具《财政直接支付入账通知书》，作为预算单位收到和付出款项的凭证。一级预算单位有所属二级或多级次预算单位的，由一级预算单位负责向二级或其他级次预算单位提供收到和付出款项的凭证。

代理银行将《财政直接支付凭证》第二联盖章后退财政国库支付执行机构，财政国库执行机构以此作为支出款项核算的凭证。

(5) 代理银行办理资金清算。代理银行每日办理的资金支付额，应在当日营业终了前，与国库或预算外资金财政专户代理银行在《财政直接支付汇总清算额度通知单》确定的范围内办理财政资金清算手续，营业中单笔支付资金超过5000万元的业务，可实时办理资金清算。国库或预算外资金财政专户代理银行将有关清算凭证反馈到财政部门国库管理机构，财政总会计以此作为收到和付出款项的凭证。

(6) 财政直接支付退票和退款处理。财政直接支付的资金，因凭证要素填写错误而在支付之前退票的，由财政国库支付执行机构核实原因后通知代理银行办理更正手续；财政直接支付的资金由代理银行支付后，因收款单位的账户名称或账号填写错误等原因而发生资金退回财政零余额账户的，代理银行要区别资金性质，在当日（超过清算时间在第二个工作日）将资金退回国库单一账户或预算外资金财政专户，并通知财政国库支付执行机构；国库和财政国库支付执行机构根据退款情况恢复相应的财政直接支付额度。对需要支付的资金，财政国库支付执行机构与有关单位核实后通知代理银行办理支付手续。在拨付和退还财政资金时，应将预算内资金与预算外资金严格分开。

2. 财政授权支付

财政授权支付是指预算单位按财政部门授权，在财政部门批准的用款额度内，向代理银行签发支付指令，代理银行根据支付指令，通过国库单一账户体系的有关账户将资金支付到收款人账户。

财政授权支付适用于未纳入工资支出，工程采购支出，物品、服务采购支出管理的购买支出和零星支出。具体包括：

(1) 年度财政资金投资额不足规定金额、且单笔金额在限额内的工程采购支出（含建设单位管理费）；

(2) 未纳入政府集中采购，且单笔金额在限额以内的物品、服务采购支出；

(3) 特别紧急支出；

(4) 经财政部门批准的其他支出。

财政授权支付结算方式有转账支付和现金支付两种。

转账支付是预算单位在财政部门核定的用款额度内，开具支付凭证，送代理银行，通过单位零余额账户将资金拨付到收款人账户。

现金支付是预算单位在财政核定的现金支付用款额度内，向代理银行开具支付凭证，通过单位零余额账户提取现金。现金的支付范围应严格遵守有关规定。

一个预算单位现金提取额度只能在核定的现金支付额度余额以内办理，一个单位当天累计提取的现金不得超过规定数额。

财政授权支付程序：预算单位按照批复的部门预算和资金使用计划，向财政国库支付执行机构申请授权支付的月度用款限额，财政国库支付执行机构将批准后的限额通知代理银行和预算单位，并通知中国人民银行国库部门、预算外资金财政专户开户银行。预算单位在月度用款限额内，自行开具支付令，通过代理银行向收款人付款，并与国库单一账户、预算外资金财政专户清算。

表 6－5　　财政授权支付额度通知单

____________（代理银行）

现将_____（预算单位）____月份财政授权支付额度通知单送你行，请在规定的额度内支付并与中国人民银行营业管理部国库或预算外资金财政专户代理银行清算资金。

资金性质：　　　　　　　　　　　　　　　　　　　　单位：元

科目编码			预算科目名称	授权额度
合计金额（大写）：				合计金额（小写）：

<table>
<tr><td rowspan="4">主 任</td><td colspan="4">财政国库支付中心</td><td rowspan="4">备 注</td></tr>
<tr><td colspan="2">支付部</td><td colspan="2">审核部</td></tr>
<tr><td>复核人</td><td>经办人</td><td>复核人</td><td>经办人</td></tr>
<tr><td>月 日</td><td>月 日</td><td>月 日</td><td>月 日</td></tr>
</table>

注：1. 本通知单一式三联，第一联人行国库（或专户代理银行）作清算依据；第二联退财政局国库收付执行机构；第三联退一级预算单位。本联为第三联。

2. 本通知单与预算单位授权支付明细单共_____张一并使用。

具体步骤如下：

(1) 财政下达财政授权额度，签发《财政授权支付额度通知单》(见表6－5)。每月25日前，财政根据批准的一级预算单位用款计划中各基层预算单位的月度财政授权支付额度，向国库、预算外资金财政专户代理银行签发下月《财政授权支付汇总清算额度通知单》，向办理支付业务的代理银行签发下月《财政授权支付额度通知单》。

(2) 代理银行通知预算单位，发出《财政授权支付额度到账通知书》(见表6－6)。代理银行收到财政下达的《财政授权支付额度通知单》后，在1个工作日内将《财政授权支付额度通知单》所确定的各基层预算单位财政授权支付额度通知其所属各有关分支机构。各分支机构在接到《财政授权支付额度通知单》的1个工作日内，向相关预算单位发出《财政授权支付额度到账通知书》。月度财政授权支付额度在年度内可以累加使用。

表6－6　　　　财政授权支付额度到账通知书

________：　　　　　　　　　　　　　　　　　　编号：

你单位____月份的财政授权支付额度已经市财政局核准，特予通知。

第　页　共　页

银行（签章）　　单位部门预算编码：　　零余额账户账号：　　单位：元

资金性质	科目编码			预算科目名　称	项目（目级）编码	项目（目级）名称	财政授权支付额度	备注
	类	款	项					

本通知书一式二联，第一联预算单位作财政授权支付额度到账通知；第二联代理银行备查。

(3) 预算单位支用资金，制《财政授权支付凭证》(见表6-7)。基层预算单位依据《财政授权支付额度到账通知书》所确定的额度支用资金时，要通过财政国库集中收付网填制财政部门统一制定的《财政授权支付凭证》；国库集中收付网管理系统对《财政授权支付凭证》的票号、预算科目、支付金额等自动进行核对，确认无误后生成拨付当笔资金的电子号码；计算机管理系统审核通过后，打印出支付凭证《财政授权支付凭证》，加盖预留印鉴后送单位零余额账户代理银行。《财政授权支付凭证》要填写完整、清楚，印章齐全，不得涂改。

表6-7 财政授权支付凭证

资金性质： 年 月 日 编号：

<table>
<tr><td rowspan="3">付款人</td><td>全 称</td><td colspan="3"></td><td rowspan="3">收款人</td><td>全 称</td><td colspan="11"></td></tr>
<tr><td>账 号</td><td colspan="3"></td><td>账 号</td><td colspan="11"></td></tr>
<tr><td>开户行</td><td colspan="3"></td><td>开户行</td><td colspan="11"></td></tr>
<tr><td colspan="2">资金性质</td><td colspan="3"></td><td colspan="2">结算方式</td><td colspan="11"></td></tr>
<tr><td colspan="7" rowspan="2">支付金额人民币
(大写)</td><td>亿</td><td>千</td><td>百</td><td>十</td><td>万</td><td>千</td><td>百</td><td>十</td><td>元</td><td>角</td><td>分</td></tr>
<tr><td></td><td></td><td></td><td></td><td></td><td></td><td></td><td></td><td></td><td></td><td></td></tr>
<tr><td colspan="2" rowspan="2">用款单位</td><td colspan="3">一级预算单位名称</td><td colspan="13">一级预算单位名称</td></tr>
<tr><td colspan="3">一级预算单位名称</td><td colspan="13">一级预算单位名称</td></tr>
<tr><td colspan="2">用 途</td><td colspan="3"></td><td colspan="13">类： 款： 项： 目：</td></tr>
<tr><td colspan="5" rowspan="2">上述款项已办理
银行盖章 经办人
年 月 日</td><td colspan="13">备 注</td></tr>
<tr><td colspan="13"></td></tr>
</table>

第二联：退预算单位作回单。

(4) 代理银行办理支付，转账或提取现金。代理银行依据《财政授权支付额度通知单》受理预算单位送来的《财政授权支付凭证》，审核是否符合财政授权资金控制额度且与预算单位的预留印鉴核对一致，通过预算单位零余额账户，将资金划往收款人账户（或办理现金提取业务）。代理银行办理完支付手续后，将加盖银行印章的《财政授权支付凭证》有关联次退给预算单位，预算单位以此作为核算凭证。

预算单位需要提取现金的，根据《财政授权支付凭证》中列明的现金结算方式从单位零余额账户提取现金。

预算单位零余额账户需办理同城特约委托收款业务的，可与代理银行签订协议，代理银行在接到煤、电、水等公用企业提供的收费通知单后，通知预算单位开具《财政授权支付凭证》，从预算单位零余额账户办理支付。

代理银行对预算单位填写无误的《财政授权支付凭证》，不得做退票处理，对预算单位超出财政授权支付额度签发的支付指令，不予受理。

(5) 代理银行进行资金清算。代理银行在《财政授权支付额度通知单》确定的累计余额内，将当日实际支付的财政性资金，按一级预算单位分预算科目（款级）汇总，按预算科目分资金性质，分别填制划款申请——《代理银行授权支付申请划款凭证》，附实际支付清单和有关规定分别与国库单一账户和预算外资金财政专户进行资金清算。

(6) 退票和退款处理。财政授权支付的资金，因凭证要素填写错误在支付之前退票的，由预算单位核实原因后重新签发支付令通知代理银行办理支付手续；财政授权支付的资金由代理银行支付后，因收款单位的账户名称或账号填写错误等原因而发生资金退回预算单位零余额账户的，代理银行应区别资金性质，在当日（超过清算时间在第二个工作日）将资金退回国库单一账户或预算外资金财政专户并通知预算单位和财政国库收付执行机构，国库和财政国库收付执行机构按原渠道恢复预算单位零余额账户的财政授权支付额度。

因特别紧急支出（经一级预算单位认定并由本级政府批准或本级政府授权财政批准的特别紧急事项的支出），预算单位零余额账户财政授权支付额度不足时，由一级预算单位提出申请，报财政部门批准，财政部门及时调增授权支付额度，预算单位开出《财政授权支付凭证》办理支付。

（二）拨入经费的分类

为了便于管理和核算，应对拨入经费进行分类，按支付方式，拨入经费可分为财政直接支付的经费和财政授权支付的经费两类，按经费的管理方式分为基本经费和项目经费。

(三) 拨入经费的核算

为核算行政单位收到的财政以直接支付和授权支付的方式供应的资金，应设置“拨入经费”（收入类）账户，贷方登记财政直接支付的资金数和下达的授权用款额度数，借方登记年终转结余数和零余额账户用款额度的注销数，转销后，本账户无余额。

拨入经费科目下，按“财政直接支付”和“财政授权支付”设二级科目，按“基本经费”和“项目经费”设三级科目。

1. 拨入基本经费

基本经费是行政单位为维持机构正常运转和完成日常工作任务所需的经费，是行政单位收入的主要来源之一。行政单位的基本经费实行定员定额管理，即要用定员定额的办法核定。定员是国家机构编制主管部门根据行政单位的性质、职能、业务范围和工作任务下达的人员配置标准。定额是财政部门根据行政单位机构正常运转和日常工作任务的合理需要，结合财力的可能，对基本支出的各项内容所规定的开支标准。

核算举例如下：

[例 6-1] 通过政府采购完成单位内部局域网的改扩建工程，工程完工，验收合格，总支出为 160000 元，款项由财政直接支付。

借：经费支出——财政直接支付（基本支出）（其他资本性支出）
　　　　（信息网络构建）　　　　160000
　　贷：拨入经费——财政直接支付（基本经费）　　160000
借：固定资产　　　　160000
　　贷：固定基金　　　　160000

[例 6-2] 经单位申请，财政批准，本月财政授权支付额度 300000 元（基本经费）已到账。

借：零余额账户用款额度　　　　300000
　　贷：拨入经费——财政授权支付（基本经费）　　300000

2. 拨入项目经费

项目经费是行政单位在基本支出之外完成特定的行政任务所需要的经费。行政单位在基本支出之外完成的特定行政任务即项目包括：专业业务项目、大型修缮、大型购置、大型会议和其他项目。财政部门对行政单位申报的项目应在进行充分的可行性论证和严格审核的基础上，分别轻重缓急，视当年财力状况择优安排，并进行绩效考核，追踪问效。

核算举例如下：

[**例 6－3**]　在定点会议供应商处召开专题工作会议，支出 200000 元，财政直接支付。

借：经费支出——财政直接支付（项目支出）（商品和服务支出）（会议费）　200000

　贷：拨入经费——财政直接支付（项目经费）　200000

二、预算外资金收入

（一）预算外资金收入的概念

预算外资金，是指国家机关、事业单位和社会团体为履行或代行政府职能，依据国家法律、法规或具有法律效力的规章而收取、提取和安排使用的未纳入国家预算管理的各种财政性资金。

行政单位的预算外资金收入，是指财政部门按规定从财政专户以财政直接支付和授权行政单位支付方式供应给行政单位的预算外资金，以及部分经财政部门核准不上缴预算外资金财政专户，而直接由行政单位按计划使用的预算外资金。

国务院《关于加强预算外资金管理的决定》中规定："对部门和单位的预算外资金收支按不同性质实行分类管理。国家机关和受政府委托的部门、单位统一收取和使用的专项用于公共工程和社会公共承包的基金、收费，以及以政府信誉强制建立的社会保障基金（社会保障基金在国家财政建立社会保障预算制度以前，先按预算外资金进行管理）等，收入金额缴入同级财政专户，支出按计划和规定用途专款专用，不得挪作他用，收支结余可结转下年度专项使用；各部门和各单位的其他预算外资金，收入缴入同级财政专户，支出由财政结合预算内资金统筹安排，其中少数费用开支有特殊需要的预算外资金，经财政部门核定收支计划后，可按确定比例或按收支结余的数额定期缴入同级财政专户"。这就是说，国家对行政单位预算外资金实行三种管理办法，一是全额上缴财政专户，然后由财政部门核拨给行政单位使用；二是按比例上缴，即一部分上缴财政专户，一部分留给单位作为预算外资金收入，直接安排支出；三是结余上缴，即平时取得预算外资金后不用上缴，直接于用安排经费支出，定期计算预算外资金收支结余，并将结余上缴财政专户。

（二）预算外资金收入的核算

为核算行政单位预算资金收入的情况，应设置"预算外资金收入"（收入类）账户。贷方登记财政从预算外财政专户中直接支付数和授权支付数，借方登记实行结余上缴办法的单位上缴财政专户的资金数。平时贷方余额反映财政直接支付和授权支付的预算外资金累计数，年终，将贷方余额转入"结余"账户，转账后，本账户无余额。

[例 6-4] 收到代理银行盖章的《财政授权支付额度到账通知书》，知本月预算外财政专户的支付额度为 50000 元。

借：零余额账户用款额度　　50000

　贷：预算外资金收入——财政授权支付　　50000

[例 6-5] 通过政府采购购买小汽车一辆，车款 129800 元，车辆购置税 22066 元，共计 151866 元，款项由财政从预算外资金专户直接支付（项目支出）。

借：经费支出——财政直接支付（项目支出）（其他资本性支出）

（交通工具购置）　　151866

　贷：预算外资金收入——财政直接支付（项目经费）

151866

三、其他收入

（一）其他收入的内容

其他收入是指行政单位按规定收取的各种收入以及其他来源形成的收入，包括行政单位在业务活动中取得的不必上交财政的零星杂项收入、有偿服务收入、有价证券及银行存款利息收入等。其他收入中的多数是由各单位自行组织的，要求各单位必须遵守国家有关规定，不能因为要增加收入，而擅自提高收费标准。

1. 零星杂项收入。包括物资变价收入、财产物资损失赔偿收入、接受捐赠收入、附属单位按规定上缴的收入等。

2. 有偿服务收入。包括回收的取暖费、水电费、固定资产出租收入、刊物发行收入、单位附设为职工服务的理发室、浴室、俱乐部等的收入。

3. 有价证券及银行存款利息收入。包括国债利息收入和银行存款利息收入。

(二) 其他收入的核算

为核算行政单位其他资金收入情况，行政单位应设置“其他收入”(收入类) 科目，贷方登记收入的增加数，借方登记年终转结余数。平时贷方余额反映其他收入的累计数，年终转账后无余额。

[例 6-6] 收到按规定不上交财政的零星杂项收入现金 1300 元。

借：现金 1300

贷：其他收入 1300

[例 6-7] 收到有偿服务收入现金 6000 元。

借：现金 6000

贷：其他收入 6000

第二节 行政单位支出的核算

支出是行政单位为完成业务活动所发生的各项资金耗费和损失。行政单位支出是实现国家管理职能，完成行政任务必须的耗费，是组织和领导经济建设、文化建设、促进社会发展的资金保证，主要有经费支出和拨出经费。

一、经费支出

经费支出是行政单位为完成业务工作所发生的支出。为了全面反映行政单位经费支出的内容，便于分析、研究各支出项目的开支情况及特点，有针对性地加强和改进支出管理，应对行政单位支出进行合理分类。

(一) 经费支出的分类

1. 按支出管理要求分类

行政单位支出按管理要求分为基本支出和项目支出。

基本支出是行政单位保障其机构正常运转、完成日常工作任务所必需的资金耗费。它包括以支付工作人员劳动报酬、个人福利及社会保障待遇为基本内容的人员经费支出和以维持行政单位正常运行的基本消耗为标准的公用经费支出等。经常性支出是行政单位的基本消耗，没有经常性支出做保障，行政单位就无法正常运转。

项目支出是行政单位在基本支出外为完成专项或特定工作任务而发生的支出，包括专项业务项目、大型修缮、大型购置、大型会议和其他项目。

专项业务项目，是指行政单位为履行其职能，在开展业务活动中持续发生的特定支出（经常性支出）项目。这些项目属于日常公用支出范围但未列入基本支出预算，额度较大，如专用材料购置费、物业管理费、维修费、会议费等，是行政单位完成行政工作任务的重要保障，财政安排时应优先予以考虑。

大型修缮项目，是指行政单位按照国家有关规定，经有关部门鉴定需要进行修理的危险性房屋、建筑物及其附属设施和大型专业设备等项目，其中：危险性房屋、建筑物及附属设施项目一般指按照国家建设部的规定属于C级和D级危险性房屋、建筑物的修缮；大型设备是指一些技术复杂、专业性较强、维修价值较高的设备，如大型计算机主机的维修，气象卫星地面设施维修、大型科考调查船等；此外行政单位对其所属房屋因改变用途而进行修缮的项目，也按大型修缮项目申报预算。

大型购置项目，是指行政单位按照国家有关规定在基本支出以外的设备购置项目。由于这类项目涉及到国家有关基本建设支出与行政事业经费支出划分的规定，以及不同性质、不同规模的单位在设备购置的品目、标准和金额上的差异，很难制定具体的量化标准。在执行中，可由财政部门根据基本支出预算和项目支出预算管理的基本原则，结合部门和单位的实际情况，进行具体核定。

大型会议项目，是指行政单位按照国家有关部门规定召开的一定级别的会议和经国务院批准召开的国际性会议等。

其他项目，指行政单位在上述项目之外发生的支出类项目。

行政单位的项目支出有特定的项目和专门的用途，应与基本支出分开核算与管理，不能互相混淆。

2. 按支出经济分类

支出经济分类主要反映政府支出的经济性质和具体用途。行政单位支出按经济性质分为：工资福利支出、商品和服务支出、对个人和家庭的补助、赠与、基本建设支出、其他资本性支出、其他支出等。

工资福利支出，反映单位开支的在职职工和临时聘用人员的各类劳动报酬以及为上述人员缴纳的各项社会保险费等。具体包括：

(1) 基本工资，反映按规定发放的基本工资，包括公务员的职务工资、级别工资；机关工人的岗位（技术等级）工资；事业单位工作人员的岗位工资、薪级工资；各类学校毕业生试用期工资；军队（武警）军官、文职干部的职务（专业技术等级）工资、军衔（级别）工资、基础工资和军龄工资；军队士官的军衔等级工资、基础工资和军龄工资等。

(2) 津贴补贴，反映单位在基本工资之外按规定开支的机关事业单位职工艰苦边远地区津贴、地区附加津贴、岗位性津贴、军人津贴和其他各种补贴等。岗位性津贴包括警衔津贴、人民警察值勤岗位津贴、海关工作人员津贴、人民法院办案人员津贴、审计人员工作补贴、纪检监察办案人员津贴、税务工作人员税收征收津贴、政府特殊津贴、专利审查人员岗位津贴、教龄津贴、中小学教师班主任津贴、特级教师津贴、特教津贴、护龄津贴、卫生防疫津贴、运动员津贴、艰苦气象台津贴、艰苦岛屿津贴、广播电视天线工作岗位津贴、地质勘探野外工作津贴、环境保护监测津贴、农业事业单位工作人员有毒有害保健津贴、法院毒物化验人员保健津贴、林业系统有毒有害工作人员岗位津贴、殡葬岗位津贴等；军人津贴包括部队义务兵津贴、军人职业津贴、军士官文职人员的教龄津贴、护龄津贴、运动员津贴等；其他各种补贴是指按有关规定发放的其他各种补贴。

(3) 奖金，反映单位按规定开支的各类奖金。如国家统一规定的机关事业单位年终一次性奖金、运动员奖金等。

(4) 社会保障缴费，反映单位为职工缴纳的基本养老、基本医疗、失业、工伤、生育等社会保险费，残疾人就业保障金，军队（含武警）为军人缴纳的伤亡、退役医疗等社会保险费。

(5) 伙食费，反映军队、武警义务兵、供给制学员伙食费和干部、士官灶差补助等支出。

(6) 伙食补助费，反映单位发给职工的伙食补助费，如误餐补助等。

(7) 其他工资福利支出，反映上述项目未包括的人员支出，如各种加班工资、病假两个月以上期间的人员工资、编制外长期聘用人员、长期临时工工资，公务员及参照和依照公务员制度管理的单位工作人员转入企业工作并按规定参加企业职工基本养老保险后给予的一次性补贴等。

商品和服务支出，反映单位购买商品和服务的支出（不包括用于购置固定资产的支出、战略性和应急储备支出，但军事方面的耐用消费品和设备的购置费、军事性建设费以及军事建筑物的购置费等在本科目中反映）。具体包括：

（1）办公费，反映单位购买按财务会计制度规定不符合固定资产确认标准的日常办公用品、书报杂志等支出。

（2）印刷费，反映单位的印刷费支出。

（3）咨询费，反映单位咨询方面的支出。

（4）手续费，反映单位支付的各种手续费的支出。

（5）水费，反映单位支付的水费、污水处理费等支出。

（6）电费，反映单位的电费支出。

（7）邮电费，反映单位开支的信函、包裹、货物等物品的邮寄费及电话费、电报费、传真费、网络通讯费等。

（8）取暖费，反映单位取暖用燃料费、热力费、炉具购置费、锅炉临时工的工资、节煤奖以及由单位支付的在职职工和离退休人员宿舍取暖费等。

（9）物业管理费，反映单位开支的办公用房、职工及离退休人员宿舍等的物业管理费，包括综合治理、绿化、卫生等方面的支出。

（10）交通费，反映单位车船等各类交通工具的租用费、燃料费、维修费、过桥过路费、保险费、安全奖励费等（军用油料费除外）。

（11）差旅费，反映单位工作人员出差的住宿费、旅费、伙食补助费、杂费，干部及大中专学生调遣费，调干家属旅费补助等。

（12）出国费，反映单位工作人员出国的住宿费、旅费、伙食补助费、杂费等支出。

（13）维修（护）费，反映单位日常开支的固定资产（不包括车船等交通工具）修理和维护费用，网络信息系统运行与维护费用以及按规定提取的修购基金。

（14）租赁费，反映租赁办公用房、宿舍、专用通讯网以及其他设备等方面的费用。

(15) 会议费，反映会议中按规定开支的房租费、伙食补助费以及文件资料的印刷费、会议场地租用费等。

(16) 培训费，反映各类培训支出。按标准提取的“职工教育经费”，也在本科目中反映。

(17) 招待费，反映单位按规定开支的各类接待（含外宾接待）费用。

(18) 专用材料费，反映单位购买日常专用材料的支出。具体包括药品及医疗耗材、农用材料、兽医用品、实验室用品、专用服装、消耗性体育用品、专用工具和仪器、艺术部门专用材料和用品、广播电视台发射台发射机的电力、材料等方面的支出。

(19) 装备购置费，反映军队（含武警）购置装备的支出。

(20) 工程建设费，反映军队（含武警）工程建设方面的支出。

(21) 作战费，反映军队（含武警）作战、防卫方面的支出。

(22) 军用油料费，反映军队（含武警）军事装备的油料费支出。其他交通支出列入交通费。

(23) 军队其他运行维护费，反映军队（含武警）的其他运行维护费。

(24) 被装购置费，反映法院、检察院、政府各部门以及军队（含武警）的被装购置支出。

(25) 专用燃料费，反映用作业务工作设备的车、船设施等的油料支出。

(26) 劳务费，反映支付给单位和个人的劳务费用，如临时聘用人员、钟点工工资，稿费、翻译费，评审费等。

(27) 委托业务费，反映单位因委托外单位办理业务而支付的委托业务费。

(28) 工会经费，反映单位按规定提取的工会经费。

(29) 福利费，反映单位按规定提取的福利费。

(30) 其他商品和服务支出，反映上述科目未包括的日常公用支出。如行政赔偿费和诉讼费、会员费、来访费、广告宣传、其他劳务费及离休人员特需费、公用经费等。

对个人和家庭的补助，反映政府用于对个人和家庭的补助支出。

包括：

（1）离休费，反映行政事业单位和军队移交政府安置的离休人员的离休费、护理费和其他补贴。

（2）退休费，反映行政事业单位和军队移交政府安置的退休人员的退休费和其他补贴。

（3）退职（役）费，反映行政事业单位退职人员的生活补贴，一次性支付给职工或军官、文职干部、士官、义务兵的退役费，按月支付给自主择业的军队转业干部的退役金。

（4）抚恤金，反映按规定开支的烈士家属、牺牲病故人员遗属的一次性和定期抚恤金，伤残人员的抚恤金，离退休人员等其他人员的各种抚恤金。

（5）生活补助，反映按规定开支的优抚对象定期定量生活补助费，退役军人生活补助费，行政事业单位职工和遗属生活补助，因公负伤等住院治疗、住疗养院期间的伙食补助费，长期赡养人员补助费，由于国家实行退耕还林禁牧舍饲政策补偿给农牧民的现金、粮食支出，对农村党员、复员军人以及村干部的补助支出，看守人员和犯人的伙食费、药费等。

（6）救济费，反映按规定开支的城乡贫困人员、灾民、归侨、外侨及其他人员的生活救济费，包括城市居民的最低生活保障费，随同资源枯竭矿山破产但未参加养老保险统筹的矿山所属集体企业退休人员按最低生活保障标准发放的生活费，农村五保供养对象、贫困户、麻风病人的生活救济费，精简退职老弱残职工救济费，福利、救助机构发生的收养费以及救助支出等。实物形式的救济也在此科目反映。

（7）医疗费，反映行政事业单位在职职工、离退休人员的医疗费，军队移交政府安置的离退休人员的医疗费，学生医疗费，优抚对象医疗补助以及按国家规定资助农民参加新型农村合作医疗的支出和对城乡贫困家庭的医疗救助支出。

（8）助学金，反映各类学校学生助学金、奖学金、学生贷款、出国留学（实习）人员生活费，青少年业余体校学员伙食补助费和生活费补贴，按照协议由我方负担或享受我方奖学金的来华留学生、进修生生活费等。

（9）奖励金，反映政府各部门的奖励支出，如对个体私营经济的奖励、计划生育目标责任奖励、独生子女父母奖励等。

(10) 生产补贴，反映各种对个人发放的生产补贴支出，如国家对农民发放的农机具购置补贴、良种补贴、粮食直补以及发放给残疾人的各种生产经营补贴等。

(11) 住房公积金，反映行政事业单位、军队（含武警）按在职职工工资总额的一定比例为职工缴纳的住房公积金。

(12) 提租补贴，反映按房改政策规定的标准，行政事业单位、军队（含武警）向职工（含离退休人员）发放的租金补贴。

(13) 购房补贴，反映按房改政策规定，行政事业单位、军队（含武警）向职工（含退休人员）发放的购房补贴。

(14) 其他对个人和家庭的补助支出，反映未包括在上述科目的对个人和家庭的补助支出，如婴幼儿补贴、职工探亲旅费、退职人员及随行家属路费、符合条件的退役回乡义务兵一次性建房补助、符合安置条件的城镇退役士兵一次性经济补助费、对农户的生产经营补贴等。

赠与，反映对国内、外政府、组织等提供的援助、捐赠以及交纳的国际组织会费等方面的支出。

(1) 对国内的赠与，反映对国内组织、政府等提供的捐赠支出。

(2) 对国外的赠与，反映对国际组织、国外政府等提供的双边援助，交纳的会费以及有关捐赠方面的支出。

基本建设支出，反映各级发展与改革部门集中安排的用于购置固定资产、战略性和应急性储备、土地和无形资产，以及购建基础设施、大型修缮所发生的支出。

(1) 房屋建筑物购建，反映用于购买、自行建造办公用房、仓库、职工生活用房、教学科研用房、学生宿舍、食堂等建筑物（含附属设施，如电梯、通讯线路、水气管道等）的支出。

(2) 办公设备购置，反映用于购置并按财务会计制度规定纳入固定资产核算范围的办公家具和办公设备的支出。

(3) 专用设备购置，反映用于购置具有专门用途、并按财务会计制度规定纳入固定资产核算范围的各类专用设备的支出。如通信设备、发电设备、交通监控设备、卫星转发器、气象设备、进出口监管设备等。

(4) 交通工具购置，反映用于购置各类交通工具（如小汽车、摩托车等）的支出（含车辆购置税）。

(5) 基础设施建设，反映用于农田设施、道路、铁路、桥梁、水坝和机场、车站、码头等公共基础设施建设方面的支出。

(6) 大型修缮，反映按财务会计制度规定允许资本化的各类设备、建筑物、公共基础设施等大型修缮的支出。

(7) 信息网络购建，反映政府用于信息网络方面的支出。如计算机硬件、软件购置、开发、应用支出等，如果购建的计算机硬件、软件等不符合财务会计制度规定的固定资产确认标准的，不在此科目反映。

(8) 物资储备，反映政府、军队为应付战争、自然灾害或意料不到的突发事件而提前购置的具有特殊重要性的军事用品、石油、医药、粮食等战略性和应急性物质储备支出。

(9) 其他基本建设支出，反映著作权、商标权、专利权等无形资产购置支出以及其他上述科目中未包括的资本性支出。如娱乐、文化和艺术原作的使用权、购买国内外影片播映权、购置图书等。

其他资本性支出，反映非各级发展与改革部门集中安排的用于购置固定资产、战备性和应急性储备、土地和无形资产以及购建基础设施、大型修缮和财政支持企业更新改造所发生的支出。

(1) 房屋建筑物购建，反映用于购买、自行建造办公用房、仓库、职工生活用房、教学科研用房、学生宿舍、食堂等建筑物（含附属设施，如电梯、通讯线路、水气管道等）的支出。

(2) 办公设备购置，反映用于购置并按财务会计制度规定纳入固定资产核算范围的办公家具和办公设备的支出。

(3) 专用设备购置，反映用于购置具有专门用途、并按财务会计制度规定纳入固定资产核算范围的各类专用设备的支出。如通信设备、发电设备、交通监控设备、卫星转发器、气象设备、进出口监管设备等。

(4) 交通工具购置，反映用于购置各类交通工具（如小汽车、摩托车等）的支出（含车辆购置税）。

(5) 基础设施建设，反映用于农田设施、道路、铁路、桥梁、水坝和机场、车站、码头等公共基础设施建设方面的支出。

(6) 大型修缮，反映按财务会计制度规定允许资本化的各类设备、建筑物、公共基础设施等大型修缮的支出。

(7) 信息网络购建，反映政府用于信息网络方面的支出。如计算机硬件、软件购置、开发、应用支出等，如果购建的计算机硬件、软件等不符合财务会计制度规定的固定资产确认标准的，不在此科目反映。

(8) 物资储备，反映政府、军队为应付战争、自然灾害或意料不到的突发事件而提前购置的具有特殊重要性的军事用品、石油、医药、粮食等战略性和应急性物质储备支出。

(9) 其他资本性支出，反映著作权、商标权、专利权等无形资产购置支出以及其他上述科目中未包括的资本性支出。如娱乐、文化和艺术原作的使用权、购买国内外影片播映权、购置图书等。

其他支出，反映不能划分到上述经济科目的其他支出。

(二) 经费支出的管理原则

1. 按支出预算及规定用途办理。经人大审核批准的预算具有法律效力，不能随便更改。各行政单位应认真合理地编制预算，经审核批准后的预算，应严格遵照执行，不得办理无预算、超预算的支出；对于具有限定用途的资金，应严格按限定用途使用，不得任意挪用。

2. 按规定的费用开支范围和标准办理。根据《行政单位财务规则》的规定，行政单位的支出，应当严格执行国家规定的开支范围及开支标准，保证人员经费和单位正常运转必需的开支，并对节约潜力大、管理薄弱的支出项目实行重点管理和控制。行政单位用于职工待遇方面的支出，不得超出国家规定的范围和标准。

3. 按规定手续审核办理。行政单位的各项支出，由单位财会部门按照有关规定审核办理，防止多头审批，重大支出项目应当集体讨论决定。各项支出的审核，要求凭证合规合法、手续齐备。手续不全、未按规定审批的凭证，不能作为支出报销的依据。

4. 按勤俭节约，讲求效益的原则办理。勤俭节约，讲求效益是财务管理的重要原则。节约并不是一味地追求少花钱，而是追求少花钱、多办事、事办好，提高资金的使用效益。防止花钱大手大脚，不计成本，不讲效益，公私不分，任意挥霍，铺张浪费。

(三) 经费支出的列报口径

根据《行政单位会计制度》“行政单位的各项支出按实际支出数额记账”的规定，行政单位支出的列报口径是实际支出数。各单位不得以拨作支，以领代报，不得以预算数或按规定编制的计划数列报。具体规定如下：

1. 发给个人的工资、津贴、补贴和抚恤救济等，应根据实有人数和实发金额，取得本人签收的凭证列报，不得以编制定额或预算数字列支。实行工资由财政直接支付的单位，以财政部门开具的拨款通知书和单位职工工资表等有关票据列报支出。

2. 购入办公用品和行政用的零星材料，一般按购入数直接列为支出；数量大宗的，应通过库存材料核算，使用时按领用数列报支出。

3. 社会保障费、职工福利费、工会经费按规定提取数列报。

4. 购入固定资产，经验收后列报支出，同时记入固定资产和固定基金科目。

5. 其他各项费用，均以实际支出数列报支出。

（四）经费支出的核算

1. 总分类核算

为核算支出的发生、转销情况，应设置“经费支出”（支出类）账户，借方登记支出的发生数，贷方登记支出收回及年终转账数，平时借方余额反映支出累计数，年终，将借方累计余额转入“结余”账户，转账后本账户无余额。

在“经费支出”总账科目下按经费支付方式设“财政直接支付”和“财政授权支付”两个二级科目，在二级科目下按“基本支出”、“项目支出”设三级科目，在三级科目下按《政府收支分类科目》支出经济分类的“类”、“款”级科目设四、五级科目。明细科目的设置虽然很复杂，但详细地描述了每一笔支出的具体情况，能较好地满足向各方面提供信息的需要。

核算举例如下：

[例 6-8] 开出财政授权支付凭证，购买办公用品 450 元。

借：经费支出——财政授权支付（基本支出）（商品和服务支出）（办公费） 450

贷：零余额账户用款额度 450

［例 6-9］ 发放本月工资，资料如下：应付基本工资 175000 元，各种津贴及补贴 65000 元，退休费 23000 元。在工资中，扣收职工医疗保险 4800 元，失业保险 12000 元，住房公积 24000 元，个人所得税 3000 元。实发工资 210200 元，其中基本工资、退休费由财政直接支付，其他的由财政授权支付。

借：经费支出——财政直接支付（基本支出）（工资福利支出）（基本工资） 175000

——财政直接支付（基本支出）（对人个和家庭的补助）（退休费） 23000

贷：拨入经费——财政直接支付 198000

借：经费支出——财政授权支付（基本支出）（工资福利支出）（津贴补贴） 65000

贷：零余额账户用款额度 21200

暂存款——医疗保险 4800

——住房公积金 24000

——失业保险 12000

——个人所得税 3000

［例 6-10］ 开出财政授权支付凭证，支付职工个人交纳的医疗保险 4800 元，失业保险 12000 元，住房公积金 24000 元，个人所得税 3000 元。

借：暂存款——医疗保险 4800

——失业保险 12000

——住房公积金 24000

——个人所得税 3000

贷：零余额账户用款额度 43800

［例 6-11］ 收到代理银行传来的委托收款凭证和电费收据，本月电费 6000 元，开出财政授权支付凭证支付。

借：经费支出——财政授权支付（基本支出）（商品和服务支出）（电费） 6000

贷：零余额账户用款额度 6000

［例 6-12］ 开出财政直接支付申请书，支付应由单位交纳的职工失业保险、医疗保险等，计 33100 元，收到《财政直接支付入账通

知书》。

借：经费支出——财政直接支付（基本支出）（工资福利支出）（社会保障缴费） 33100

贷：拨入经费——财政直接支付（基本经费） 33100

[例 6-13] 开出财政授权支付凭证提取现金 50000 元，支付职工取暖补贴。

借：现金 50000

贷：零余额账户用款额度 50000

借：经费支出——财政授权支付（基本支出）（商品和服务支出）（取暖费） 50000

贷：现金 50000

[例 6-14] 开出财政授权支付凭证，支付机动车保险费 3600 元。

借：经费支出——财政授权支付（基本支出）（商品和服务支出）（交通费） 3600

贷：零余额账户用款额度 3600

[例 6-15] 开出财政授权支付凭证，支付电话费 3800 元。

借：经费支出——财政授权支付（基本支出）（商品和服务支出）（邮电费） 3800

贷：零余额账户用款额度 3800

[例 6-16] 开出财政授权支付凭证，支付复印机维修费 2300 元。

借：经费支出——财政授权支付（基本支出）（商品和服务支出）（维修费） 2300

贷：零余额账户用款额度 2300

[例 6-17] 经国务院批准，主办国际性会议，经结算会议总费用为 220000 元，由财政直接支付（项目支出）。

借：经费支出——财政直接支付（项目支出）（商品和服务支出）（会议费） 220000

贷：拨入经费——财政直接支付（项目经费） 220000

[例 6-18] 经有关部门鉴定和批准，对危房及附属设施进行维修，总支出 810000 元，由财政直接支付（项目支出）。

借：经费支出——财政直接支付（项目支出）（其他资本性支出）

（大型修缮） 810000

贷：拨入经费——财政直接支付（项目经费） 810000

实际工作中，“经费支出”的明细科目可根据本单位核算和管理的需要有选择的列示，不用都列。如何区分各项开支该属于“基本支出”还是“项目支出”，应以单位预算为依据，预算中列的是基本支出，发生时记“基本支出”，预算中列的是项目支出，发生时则记“项目支出”。

2.“经费支出明细账”的登记

经费支出明细账的格式根据需要设置，可以按支付方式进行分析，也可按支出管理要求进行分析，还可按《政府收支分类科目》“支出经济分类”的“类”级科目分析。这里我们按支付方式进行分析。

以［例6－8］—［例6－18］所列会计事项为例，说明“经费支出”明细账的登记方法，见表6－8、6－9（凭证号用章内例题序号代替）。

表6－8　　经费支出明细账

明细科目名称：财政授权支付

年		凭证号	摘要	借方	贷方	余额	工资福利支出			商品和服务支出						对个人和家庭的补助		其他资本性支出
月	日						基本工资	津贴补贴	社会保障缴费	办公费	水费	取暖费	交通费	邮电费	维修费	离休费	退休费	
			期初数（略）															
		8	购办公用品	450		450				450								
		9	发工资	65000		65450		65000										
		11	付电费	6000		71450					6000							
		13	付职工取暖费	50000		121450						50000						
		14	购机动车保险	3600		125050							3600					
		15	付电话费	3800		128850								3800				
		16	复印机维修费	2300		131150									2300			
			合计	131150		131150		65000		450	6000	50000	3600	3800	2300			

表 6－9　　　　经费支出明细账

明细科目名称：财政直接支付

年 月	年 日	凭证号	摘要	借方	贷方	余额	工资福利支出 基本工资	工资福利支出 津贴补贴	工资福利支出 社会保障缴费	商品和服务支出 会议费	商品和服务支出 维修费	对个人和家庭的补助 离休费	对个人和家庭的补助 退休费	其他资本性支出
			期初数（略）											
		9	发工资、退休费	198000		198000	175000						23000	
		12	支付由单位缴纳的职工基本保险	33100		231100			33100					
		17	付会议费	220000		451100				220000				
		18	付房屋大修费	810000		1261100					810000			
			合计	1261100		1261100	175000		33100	220000	810000		23000	

二、拨出经费

（一）拨出经费的涵义

拨出经费是在实拨经费方式下，行政单位按核定的预算拨付给所属单位的预算资金。

（二）拨出经费的核算

为了核算各级行政单位拨给下级单位经费的情况，应设置“拨出经费”（支出类）账户。借方登记拨出经费数，贷方登记收回数。平时，借方余额反映累计拨出经费数。年终，本账户借方余额全数转入“结余”账户。转账后本账户无余额。本账户应按“拨出基本经费”和“拨出项目经费”进行明细核算。

1. 拨出经费——拨出基本经费的核算

拨出基本经费是指行政单位按核定的预算将财政或上级单位拨入的基本经费，按预算级次转拨给下属预算单位的资金。

核算举例如下：

(1) 某主管会计单位将基本经费 200000 元拨给所属的二级行政单位。

借：拨出经费——拨出基本经费　　　　200000

贷：银行存款 200000

(2) 二级行政单位收到上项拨入经费。

借：银行存款 200000

贷：拨入经费——基本经费 200000

(3) 二级行政单位本会计期间各项经费支出开支 100000 元。

借：经费支出——基本支出 100000

贷：银行存款等科目 100000

(4) 二级会计单位转拨某基层会计单位基本经费 70000 元。

借：拨出经费——拨出基本经费 70000

贷：银行存款 70000

(5) 二级会计单位收回给某基层会计单位的多余基本经费 10000 元。

借：银行存款 10000

贷：拨出经费——拨出基本经费 10000

(6) 二级会计单位向主管会计单位交回多拨的基本经费 10000 元。

借：拨入经费——基本经费 10000

贷：银行存款 10000

(7) 年终，二级会计单位将“拨出经费”借方余额 60000 元转入“结余”账户。

借：结余——基本结余 60000

贷：拨出经费——拨出基本经费 60000

2. 拨出经费——拨出项目经费的核算

拨出项目经费是指主管部门或上级单位转拨给所属单位的项目经费。

核算举例如下：

(1) 某二级单位收到主管会计单位拨入项目经费 600000 元。

借：银行存款 600000

贷：拨入经费——拨入项目经费 600000

(2) 向某基层单位拨出项目经费 300000 元。

借：拨出经费——拨出项目经费 300000

贷：银行存款 300000

(3) 本单位项目开支经费 200000 元。

借：经费支出——项目支出　　200000

　　贷：银行存款等　　200000

实行国库集中收付后，各行政单位的经费以额度的方式通知和使用，不再拨付银行存款，也不存在经费的转拨事项，拨出经费将取消。

第三节　行政单位净资产的核算

一、固定基金

(一) 固定基金的涵义

固定基金是行政单位固定资产所占用的资金，是固定资产的价值表现，体现国家和行政单位对固定资产的所有权。

固定资产的价值随着它的使用在不断减少，国家和行政单位所拥有的固定基金数额也在逐年减少。但是，由于行政单位固定资产不计提折旧，所以账面上固定基金的数额和固定资产的数额始终是相等的。

(二) 固定基金的核算

为核算行政单位固定基金的增减变动情况，应设置“固定基金”（净资产类）账户。贷方登记固定基金的增加数，借方登记固定基金的减少数，余额在贷方，反映固定基金的实有数。

核算举例如下：

[例 6－19] 通过政府采购购入计算机 2 台，计 6530 元，验收合格，交付使用。

借：经费支出——财政直接支付（基本支出）（其他资本性支出）（专用设备购置）　　6530

　　贷：拨入经费——财政直接支付　　6530

借：固定资产　　6530

　　贷：固定基金　　6530

[例 6－20] 从上级单位有偿调入小汽车一辆，价款 56000 元，

财政授权支付。

借：经费支出——财政授权支付（基本支出）（其他资本性支出）（交通工具购置） 56000

　　贷：零余额账户用款额度 56000

借：固定资产 56000

　　贷：固定基金 56000

［**例 6－21**］ 将不需用的打字机 2 台变价出售，原价 14000 元，取得变价收入 1000 元。

借：固定基金 14000

　　贷：固定资产 14000

借：银行存款 1000

　　贷：其他收入 1000

［**例 6－22**］ 报废旧汽车一辆，原价 200000 元。

借：固定基金 200000

　　贷：固定资产 200000

二、结余

结余是收入与支出相抵后的余额，是指按照有关财政、财务制度的规定，核准行政单位跨年度结转使用的资金，包括基本经费结余、留归行政单位使用的项目经费结余等。财政部门对行政单位实行“收支统一管理，定额、定项拨款，超支不补，结余留用”的预算管理办法，年终结余资金应留给单位下年度使用，这对于发挥各部门、各单位理财的积极性有积极作用。

（一）结余资金的注销

年终前，各行政单位应与代理银行对账，仔细核对财政授权支付的额度数、支用数、结余数。一级预算单位应与财政对账，对账内容为一级预算单位汇总的包括所属各级预算单位在内的财政资金支出数，其中包括财政直接支付数，财政授权支付（零余额账户）的额度数、支用数、余额数，在核对一致的基础上，填制“财政国库管理制度实施单位年终结余资金申报核定表（见表 6－10）”，按规定将结余资金注销，注销的结余资金下年返还。

表 6－10　财政国库管理制度实施单位年终结余资金申报核定表

单位编码：

申报单位：　　　　　　　　填报日期：　　年　月　日　　　　　　　　　　单位：元

科目编码	科目（项目）名称	全年预算指标数	已核批用款计划			全年实际支付数			指标结余数			申请结转下年使用数		
		合计	合计	财政直接支付	财政授权支付	合计	财政直接支付	财政授权支付	合计	财政直接支付	财政授权支付	合计	财政直接支付	财政授权支付

注：“全年预算数”包括财政部门已核定的以前年度结余。

1. 财政直接支付资金年终结余的处理

按财政直接支付预算指标数与财政直接支付实际支出数的差，记：

借：财政应返还额度——财政直接支付

　　贷：拨入经费

下年恢复财政直接支付额度，行政单位使用预算结余资金时，记：

借：有关支出科目

　　贷：财政应返还额度——财政直接支付

2. 财政授权支付资金年终结余的处理

(1) 年度终了，行政单位与代理银行核对财政授权支付的额度数、支用数、结余数后，将零余额账户余额注销：

借：财政应返还限额

　　贷：零余额账户用款额度

下年度恢复额度时，根据代理银行提供的额度恢复到账通知书：

借：零余额账户用款额度

　　贷：财政应返还额度——财政授权支付

(2) 如果本年度财政授权支付预算指标数大于零余额账户用款额度下达数，根据两者的差：

借：财政应返还额度——财政授权支付

　　贷：拨入经费

下年度收到财政部门批复的上年度未下达的零余额账户用款额度：

借：零余额账户用款额度

　　贷：财政应返还额度——财政授权支付

（二）结余的核算

为核算行政单位全年资金运行的结果，应设置“结余”（净资产类）账户，贷方登记从拨入经费、预算外资金收入、其他收入账户转入数，借方登记从各支出账户借方转入数，余额在贷方，为行政单位滚存结余数。该账户应按预算管理要求设置“基本结余”、“项目结余”二个明细账户。

1. 基本结余

基本结余是指基本经费与基本经费支出相抵后的余额，即“拨入经费”中的“基本经费”、预算外资金收入、其他收入与“经费支出”中的“基本支出”相抵后的余额。在年终清理对账的基础上，进行转账，核算基本结余。会计处理如下：

(1) 转收入：

借：拨入经费——财政直接支付（基本经费）

　　　　　　——财政授权支付（基本经费）

　　预算外资金收入

　　其他收入

　　贷：结余——基本结余

(2) 转支出：

借：结余——基本结余

　　贷：经费支出——基本支出

2. 项目结余

项目结余是拨入项目经费与项目经费支出相抵后的余额，即“拨入经费”中的“项目经费”与“经费支出”中的“项目支出”相抵后的余额。在年终清理对账的基础上办理年终结转，核算项目结余。会计处理如下：

(1) 转收入：

借：拨入经费——财政直接支付（项目经费）

　　　　　　——财政授权支付（项目经费）

　贷：结余——项目结余

(2) 转支出：

借：结余——项目结余

　贷：经费支出——项目支出

第七章 Diqizhang 行政单位会计报表

【学习目标】　本章主要介绍行政单位会计年终清理与结账的工作内容及会计报表的编制，通过学习要求学生：知道年终清理的意义及内容；能说出年终结账的步骤及各步骤的具体工作；能说出行政单位主要会计报表的名称，会编制资产负债表、收入支出总表、支出明细表，了解其他报表的编制方法。

第一节　行政单位年终清理与年终结账

一、年终清理

年终清理是对行政单位全年预算资金收支、其他资金收支活动进行全面清理、核对、整理和结算的工作。年终清理是行政单位编报年度决算的一个重要环节，是保证行政单位决算报表数字真实、内容完整、报送及时的一项基础工作。各行政单位应根据财政机关和上级主管部门的要求，认真做好年终清理工作。行政单位年终清理的内容包括：

1. 清理核对年度预算数和拨入款项

主管会计单位要清理核对本部门年度预算数，年度中追加追减数，与财政部门核对无误。基层单位主要清理本单位的预算数，并与上级单位核对相符。清理拨入经费数，主管会计单位应分“类”、“款”、“项”编制包括本单位及所属各级预算单位在内的汇总的财政性资金支出数，将财政直接支付数，财政授权支付的额度数、支用数、余额数，与财政部门核对相符；各预算单位应清理本单位财政授权支付的额度数、支用数、余额数，与代理银行核对一致。

2. 清理核对预算内外收支款项

清理核对应缴预算款和应缴财政专户款是否全部入账，有无串户，对已入账的是否在年终前全部缴清。预算外资金上缴专户和转作预算外收入是否符合规定，与财政专户的收入和拨出数是否相符。

各项支出要全部清理入账，支出的列报口径要符合规定。经费支出，一律以基层用款单位 12 月 31 日止的本年实际支出数为准，不得将预拨下年的经费列入本年的支出。

3. 清理往来款项

对暂存、暂付等往来款项，要全面清理，抓紧结算，做到人欠收回，欠人归还。年终确实不能结清的，要与对方进行核对，以保证数字正确。

4. 清理财产物资

对各项物资财产进行清查盘点，发生盘盈、盘亏，要及时查明原因，按规定作出处理，并调整账务，做到账账相符，账实相符。

5. 清理货币资金

对银行存款、现金和有价证券等货币资金，要在轧平账户的基础上，分别与开户行、出纳人员核对清楚，存款要与银行对账单相符，现金和证券要进行实物盘点，做到账实相符。

二、年终结账

年终清理结算完毕，在账目核对相符的基础上，即可进行年终结账。年终结账工作，一般分为三个步骤：即年终转账、结清旧账和记入新账。

（一）年终转账

转账的程序是：

1. 计算出各账户的借方和贷方的 12 月份合计数和全年累计数，结出 12 月末的余额。

2. 编制结账前的“资产负债表”，并试算平衡。

3. 将应对冲结转的各收入支出账户的余额按年终转账办法，填制 12 月 31 日的记账凭证办理转账，并记入有关账户。年终转账的具体账务处理方法详见第六章第三节结余的核算。

（二）结清旧账

结清旧账的做法如下：

1. 将转账后无余额的账户结出“全年累计”数，然后在下面划双红线，表示本账户全部结清。

2. 对年终有余额的账户，在“全年累计”下行的“摘要”栏内注明“结转下年”字样，再在下面划双红线，表示年终余额转入新账，结束旧账。

（三）记入新账

根据本年度各账户余额，编制年终决算的“资产负债表”和有关明细表，按表列各账户的年终余额数，不编制记账凭证，直接记入新年度相应的各有关账户，并在“摘要”栏注明“上年结转”字样，以区别新年度发生数。

第二节 行政单位会计报表

一、资产负债表

（一）资产负债表及其内容

资产负债表是反映行政单位某一特定日期财务状况的报表。资产负债表的项目，应当按会计要素的类别分别列示。

资产负债表是行政单位最基本、最重要的报表，应于每月末、季末、年末报出。它提供的资料包括行政单位在某一特定日期的资产、负债和净资产以及收入、支出等。

行政单位资产负债表的主要内容包括：

1. 行政单位掌握的经济资源（资产）；

2. 行政单位所承担的债务（负债）；

3. 行政单位资产负债的余额（净资产）；

4. 至本月止累计发生的各种费用支出（支出）；

5. 到本月止累计取得的各种经费及其他方面的收入（收入）。

（二）资产负债表的编制方法

本表中的“年初数”按上年末资产负债表的期末数填列。“期末数”，应根据不同时间报出的资产负债表区别对待，若是月报，则按截至报告月份止各总账账户的期末余额填列，若是年报，则按年末转账后各总账账户的年末余额填列。

资产负债表月报和资产负债表年报的编制方法及差异，以某行政单位为例说明如下：

设该行政单位×年各有关总账的"年初数"、12月末各账户余额资料如表7－1。

资产负债表月报见表7－2，资产负债表年报见表7－3。

表7－1　　总账余额表　　单位：元

科目名称	年初数	12月末余额	科目名称	年初数	12月末余额
零余额账户用款额度		207950	暂存款	259900	118600
现金	2400	16340	小计	259900	118600
银行存款	60000	35400	固定基金	2500000	5532300
有价证券	250000	280000	结余	190400	190400
暂付款	7900	5100	小计	2690400	5722700
库存材料	130000	259000	拨入经费		11328800
固定资产	2500000	5532300	其他收入		72900
小计	2950300	6336090	预算外资金收入		256833
经费支出——基本支出		9933743	小计		11658533
经费支出——项目支出		1230000			
小计		11163743			
合　计	2950300	17499833	合　计	2950300	17499833

表7－2　　资产负债表（转账前）

编表单位：××单位　　××年12月31日　　单位：元

资产部类			负债部类		
会计科目名称	年初数	期末数	会计科目名称	年初数	期末数
资产类			负债类		
零余额账户用款额度		207950	应缴预算款		
现金	2400	16340	暂存款	259900	118600
银行存款	60000	35400	应缴财政专户款		
有价证券	250000	280000	负债类合计	259900	118600
暂付款	7900	5100	净资产类		

续表

资 产 部 类			负 债 部 类		
会计科目名称	年初数	期末数	会计科目名称	年初数	期末数
资产类			负债类		
库存材料	130000	259000	固定基金	2500000	5532300
固定资产	2500000	5532300	结余	190400	190400
资产合计	2950300	6336090	净资产合计	2690400	5722700
支出类			收入类		
经费支出		11163743	拨入经费		11328800
拨出经费			其他收入		72900
结转自筹基建			预算外资金收入		256833
支出合计		11163743	收入合计		11658533
资产部类合计	2950300	17499833	负债部类合计	2950300	17499833

注：拨入经费中基本经费为 10098800 元，项目经费为 1230000 元，经费支出中基本支出为 9933743 元，项目经费为 1230000 元。

通过 12 月份的资产负债表（转账前）进行试算平衡，无误后，按照年终转账的办法，办理年终转账工作（不需要原始凭证，直接编制记账凭证）。转账方法如下：

［例 7－1］ 办理年终转账（拨入经费中基本经费为 10098800 元，项目经费为 1230000 元，经费支出中基本支出为 9933743 元，项目经费为 1230000 元）。

1. 核算基本结余

借：拨入经费——基本经费　　10098800
　　预算外资金收入　　256833
　　其他收入　　72900
　　贷：结余——基本结余　　10428533

借：结余——基本结余　　9933743
　　贷：经费支出——基本支出　　9933743

2. 核算项目结余

借：拨入经费——项目经费　　1230000
　　贷：结余——项目结余　　1230000

借：结余——项目结余　　1230000

贷：经费支出——项目支出　　　　　　　　　　　　1230000

以上年终转账业务，应记入有关账户调整账目后，试算平衡，据以编制年报。年报中的资产负债表（转账后）见表7-3。

表7-3　　　　　　**资产负债表**（转账后）

编表单位：××单位　　　　　××年12月31日　　　　　单位：元

资产部类			负债部类		
会计科目名称	年初数	期末数	会计科目名称	年初数	期末数
资产类			负债类		
零余额账户用款额度		207950	应缴预算款		
现金	2400	16340	暂存款	259900	118600
银行存款	60000	35400	应缴财政专户款		
有价证券	250000	280000	负债类合计	259900	118600
暂付款	7900	5100	净资产类		
库存材料	130000	259000	固定基金	2500000	5532300
固定资产	2500000	5532300	结余	190400	685190
资产合计	2950300	6336090	净资产合计	2690400	6217490
支出类			收入类		
经费支出			拨入经费		
拨出经费			其他收入		
基建支出			预算外资金收入		
结转自筹基建			收入合计		
支出合计					
资产部类合计	2950300	6336090	负债部类合计	2950300	6336090

二、收入支出总表

收入支出总表是反映行政单位年度收支总规模的报表。它由三部分组成，即收入、支出、结余。三部分之间的关系为：收入-支出=结余。本表按单位各收支项目自年初至本月末的累计发生数填列。其格式见表7-4。

表 7－4　　　　收入支出总表

编制单位：××单位　　　　××年 12 月 31 日　　　　单位：元

收入			支出			结余
项目	本月数	本年累计	项目	本月数	本年累计	
拨入经费		11328800	经费支出		11163743	结转当年结余 494790
其中：项目经费		1230000	其中：项目经费		1230000	其中：专项结余 0
预算外资金收入	（略）	256833		（略）		以前年度结余 190400
其他收入		72900				
收入总计		11658533	支出总计		11163743	结余累计 659190

三、其他会计报表

其他会计报表是指除资产负债表和收入支出表以外的各种报表，包括支出明细表和附表等。

（一）支出明细表

支出明细表是反映行政单位一定时期预算执行情况的报表。支出明细表的项目，应当按“政府预算支出科目”列示。对于用财政拨款和预算外资金收入安排的支出应按支出的用途分别列示。该表应于每月末、季末、年末报出，表内各项目的数据根据“经费支出明细账”中的记录数据填列。经费支出明细表见表 7－5。

（二）附表

附表是指根据财政部门或主管会计单位的要求编报的补充性报表，如基本数字表、报表说明书。附表按财政部门和上级单位规定的项目列示。

基本数字表是反映单位定员定额执行情况的报表。基本数字表的项目，按财政部门和上级主管部门规定的项目列示。一般来说，各机关在报出季报时，要求加报基本数字表，而在报出年终决算报表时，应以更加详细的资料报出基本数字表。

表 7－5　　　　　　　　　　**经费支出明细表**

编表单位：××单位　　　　　　　　年　月　日　　　　　　　　　　单位：元

项目	合计	工资福利支出				商品服务支出					对个人和家庭的补助			其他资本性支出			…
		基本工资	津贴补贴	社会保障缴费	…	办公费	水费	取暖费	交通费	…	离休费	退休费	…	办公设备购置	交通工具购置	…	…
列次	1	2	3	4	5	6	7	8	9	10	11	12	13	14	15	16	17
经费支出																	
基本支出																	
其中：																	
财政拨款支出																	
预算外资金支出																	
项目支出																	
其中：																	
财政拨款支出																	
预算外资金支出																	

行政单位性质决定了行政单位基本数字表反映的内容主要在于人员的编制及所用设备、器材的编制情况，表中的数据主要来自于人事部门和有关业务部门的统计数字。该表的一般格式如表 7－6。

表中第（1）栏填列上级单位核定的编制数或计划数；

表中第（2）栏填列年初时该项目的结存数或实有数；

表中第（3）栏填列报告期末实有数，应按报出报表月份末的实有数填列；

表中第（4）栏填列自年初月份起到报告月份止的各月期末数相加之和；

表中第（5）栏填列累计数被月数所除得的商数。

基本数字是反映行政单位实力状况的报表，又涉及到国家对行政单位财务控制数据和计划数据，因此，基本数字表在分析行政单位执行预算、持有财力等方面具有较为重要的作用。

表 7－6　　　　　　　　　基 本 数 字 表

年　　月　　日

编表单位：××单位

项目名称	单位	编制数和计划数（1）	年初数（2）	实有数			备注
				期末数（3）	累计数（4）	平均数（5）	
行政支出：							
行政单位经费							
机构数							
工作人员数							
工资月开支的人数							
机关开支的离退休人数							
公务费开支							
其中：							
办公费							
邮电费							
会议费							
取暖费							
差旅费							
机动车船燃料费							
修理费							

报表说明书是行政单位在报送会计报表时要编写的，对报表有关事项进行说明的文字材料。报表说明书包括报表编制技术说明和报表分析说明。

报表技术说明主要包括：采用的主要会计处理方法，特殊事项的会计处理方法，会计处理方法的变更情况、变更原因，以及对预算收支执行情况和结果的影响等。

报表分析说明一般包括：基本情况、影响预算执行、资金活动的原因、经费支出、资金活动的趋势、管理中存在的问题和改进措施、对上级会计单位工作的意见和建议等。

下 篇

非营利组织会计

第八章 Dibazhang
非营利组织会计概述

【学习目标】　本章主要介绍非营利组织会计的概念、对象，非营利组织的核算原则和会计科目。通过学习要求学生：能说出非营利组织会计的概念，并能说出一些非营利组织单位的名称；知道非营利组织会计核算的一般原则，熟记公立非营利组织的会计科目。

第一节　非营利组织会计的概念

一、非营利组织会计的概念

我国的非营利组织是指不直接进行物质资料的生产和流通，主要以精神产品和各种劳务的形式向社会提供服务的组织或单位。非营利组织不具有物质产品生产和国家事务管理职能，不以营利为目的。非营利组织根据其资产、经费来源不同分为公立非营利组织和民间非营利组织。公立非营利组织是指依法设立的、利用国有资产举办的非企业单位，包括科教文卫、环保气象、社会福利等公益性非营利组织。民间非营利组织是指依照国家法律、行政法规登记的社会团体、基金会、民办非企业单位和寺院、宫观、清真寺、教堂等。民间非营利组织同时具备以下特征：不以营利为宗旨和目的；资源提供者向该组织投入资源不取得经济回报；资源提供者不享有该组织的所有权。

非营利组织会计是以货币为主要计量单位，对公立和民间非营利组织日常活动过程中发生的经济业务，进行连续、系统、完整地核算、反映和监督的经济管理工作。

二、非营利组织会计的对象

非营利组织会计的对象是指非营利组织会计核算、反映和监督的基本内容。各非营利组织，在为社会服务的过程中，一方面要组织收入，另一方面要发生支出，收支执行的结果表现为结余或超支，收支余超构成了非营利组织的资金运动。非营利组织会计的对象就是各非营利组织在预算执行和开展业务活动过程中所发生的资金收支。

非营利组织虽然不直接从事物质资料的生产和流通，但其开展的业务活动，是社会主义扩大再生产和满足整个社会日益增长的物质和文化需要所必不可少的。公立非营利组织为了执行事业任务，保证业务活动的资金需要，一方面要向财政部门或上级主管单位按照核定的预算领取经费，又要在国家规定的范围内积极组织创收，取得财政补助收入、事业收入和经营收入等各项收入；另一方面，要按照国家的有关规定和开支标准，安排专业业务和经营业务的各项支出，收支相抵为公立非营利组织的结余；这便形成了公立非营利组织的资金运动。民间非营利组织是企事业单位、社会团体和其他社会力量以及公民个人利用非国有资产举办的、从事非营利性社会服务活动的组织。民间非营利组织开展活动所需的资金通过接受社会捐赠、收取会员会费、取得政府补助、销售商品、提供劳务和进行投资等途径筹集，筹集到的资金除少量用于管理费用、支付筹资费用外，大部分都用于社会公益事业，因此取得捐赠、会费、销售、投资和政府补助等各项收入，发生业务活动成本、管理费用、筹资费用等各项费用，便形成了民间非营利组织的资金运动。

由于民间非营利组织与财政没有经费的往来关系，其会计业务有特殊性，同时考虑篇幅的原因，本教材不介绍民间非营利组织会计核算。

第二节 非营利组织会计的核算原则和会计科目

一、非营利组织会计核算的一般原则

会计核算的一般原则是对会计核算提供信息的基本要求，是处理具体会计业务的基本依据。非营利组织会计核算的一般原则有以下12项：

（一）真实性原则

真实性原则亦称客观性原则。这项原则要求：首先，会计核算应当以实际发生的经济业务为依据，每一项经济业务必须取得或填制合法的书面凭证，做到明了可靠，内容真实、数字准确、手续完备，如实反映预算执行情况、财务收支状况和事业成果。会计核算应当按交易或者事项的实质进行，而不应当仅仅按照它们的法律形式作为其依据。其次，会计核算过程应当是真实客观的，对同一会计核算业务，分别用两位或两位以上的会计人员同时进行会计处理，应得出相同的会计核算结果。第三，作为反映会计核算成果的会计报表应是真实的，做到账表、账账、账实之间的相互一致。

（二）相关性原则

相关性原则又称有用性原则。是指会计核算所提供的经济信息应当有助于信息使用者正确作出经济决策，会计提供的信息要同经济决策相关联。会计信息要满足以下三个方面的需要：一是要符合国家宏观经济管理的要求；二是要满足预算管理和有关方面了解单位财务状况和收支情况的需要；三是要满足单位内部加强管理的需要。

（三）可比性原则

可比性原则是指会计处理的方法和指标口径，必须有利于前后会计期间以及相同行业之间的比较分析。对这些指标和信息进行比较、分析和汇总，便于正确考核总预算和单位预算的执行情况和结果，满足使用者和国家宏观管理的需要。可比性原则表现为会计报表指标口径的一致和所选择的会计处理方法的可比。

（四）一贯性原则

一贯性原则是指处理会计业务的方法和程序在不同的会计期间要保持前后一致，不能随意变更，以便对前后各期的会计资料进行纵向比较。如确有必要变更，应将变更的情况、原因和对会计信息的影响在会计报告中加以说明。

（五）及时性原则

及时性原则是指对会计事项的处理必须在经济业务发生时及时进行，及时核算，及时反映，以发挥会计信息的效应。及时性包含两个要求：一是经济业务的会计处理应在当期内进行，不得跨期；二是会计报表应在会计期间结束后按规定的日期报告，不得拖延。

（六）明晰性原则

明晰性原则是指会计记录和会计报表应当清晰明了，便于理解和运用，数字记录和文字说明要能一目了然地反映经济活动的来龙去脉，对有些不易理解的问题，应在财务情况说明书中加以说明。

（七）全面性和重要性原则

全面性和重要性原则是指会计报表应当全面反映预算执行情况和财务收支状况；对重要的经济业务要单独反映。重要性业务的标志，一是看发生的金额的大小，二是它对经济决策的影响程度。会计报表要充分反映一切重要的经济信息，以便于作出决策。

（八）专款专用原则

专款专用原则是指对国家预算拨款和其他指定用途的资金，应当按规定的用途使用，不能擅自改变用途，挪作他用。

（九）权责发生制的原则

非营利组织经营性收支业务一般采用权责发生制为核算基础。

（十）实际成本原则

实际成本原则又称历史成本原则，是指各项财产物资应当按照取得或购进时的实际成本计价，当市场价格发生变动时，除国家另有规定外，不得自行调整账面价值。

（十一）配比原则

配比原则是指从事经营活动的非营利组织，其经营支出与相关的经营收入应当配比。配比原则要求有经营收支业务活动的单位，对一个会计期间的经营收入与其相关的费用支出应当配比，在同一会计期间登记入账，以计算收支结余，考核经济效益。应计入本期的收入和费用支出，不能脱节，也不能任意提前或错后。合理划分应当计入当期费用的支出和应当予以资本化的支出。

（十二）谨慎性原则

谨慎性原则是指在有不确定因素的情况下作出判断时，保持必要的谨慎，不抬高资产或收益，也不压低负债和费用。对于可能发生的损失和费用，应当加以合理估计。

二、非营利组织的会计科目

会计科目是对会计要素的进一步分类，是对各项经济业务的具体内容，按其特征和经济管理要求进行归集、分类的类别名称。设置会计科目便于正确、系统和分门别类地核算、反映和监督各项经济业务活动所引起的资金运动，为经济管理提供有用的会计信息。为了保证会计信息的可比性，使会计核算所提供的指标在国民经济各部门口径一致，便于有关部门和单位对会计指标的逐级汇总和分析利用，财政部制定了统一的会计科目。如表8-1。

表8-1　　公立非营利组织（事业单位）会计科目

类别	科目名称	核算内容
一、资产类	零余额账户用款额度	核算财政授权支付方式下公立非营利组织零余额账户的用款额度。
	现金	核算公立非营利组织的库存现金。
	银行存款	核算公立非营利组织存入银行和其他金融机构的各种存款。
	应收票据	核算因从事经营活动销售产品而收到的商业汇票。
	应收账款	核算因提供劳务，开展有偿服务及销售产品等业务应收取的款项。
	预付账款	核算按照合同规定预付给供应单位的款项。
	其他应收款	核算除应收票据、应收账款、预付账款以外的其他应收、暂付款项。
	材料	核算库存的物资材料以及达不到固定资产标准的工具、器具、低值易耗品等。
	产成品	核算生产并已验收入库产品的实际成本。
	对外投资	核算通过各种方式向其他单位的投资。
	固定资产	核算固定资产的原价。
	无形资产	核算公立非营利组织专利权、非专利技术、著作权、商标权、土地使用权、商誉等各种无形资产的价值。

续表

类别	科目名称	核 算 内 容
二、负债类	借入款项	核算从财政部门、上级主管部门、金融机构借入的有偿使用的款项。
	应付票据	核算对外发生债务时所开出、承兑的商业汇票。
	应付账款	核算因购买材料、物资或接受劳务而应付给供应单位的款项。
	预收账款	核算按照合同规定向购货单位或接受劳务单位预收的款项。
	其他应付款	核算应付、暂收其他单位或个人的款项。
	应缴预算款	核算按规定应缴入国家预算的收入。
	应缴财政专户款	核算按规定代收的应上缴财政专户的预算外资金。
	应交税金	核算应交纳的各种税金。
三、净资产类	事业基金	核算公立非营利组织拥有的非限定用途的净资产。
	固定基金	核算因购入、自制、调入、融资租入（有所有权的）、接受捐赠以及盘盈固定资产所形成的基金。
	专用基金	核算按规定提取、设置的有专门用途的资金的收入、支出及结存情况。
	事业结余	核算在一定期间除经营收支、专款收支外各项收支相抵后的余额。
	经营结余	核算在一定期间各项经营收入与支出相抵后的余额。
	结余分配	核算当年结余分配的情况和结果。
四、收入类	财政补助收入	核算公立非营利组织按照核定的预算和经费领报关系收到的由财政部门或上级单位拨入的各类事业经费。
	上级补助收入	核算上级单位拨入的非财政补助资金。
	拨入专款	核算财政部门、上级单位或其他单位拨入的有指定用途，并需要单独报账的专项资金。
	事业收入	核算公立非营利组织开展专业业务活动及辅助活动所取得的收入。
	经营收入	核算公立非营利组织在专业业务活动及辅助活动之外开展非独立核算经营活动取得的收入。
	附属单位缴款	核算附属单位按规定缴来的款项。
	其他收入	核算除上述各项收入以外的收入。

续表

类别	科目名称	核　算　内　容
五、支出类	拨出经费	核算公立非营利组织按核定的预算拨付所属单位的预算资金。
	拨出专款	核算拨给所属单位的需要单独报账的专项资金。
	专款支出	核算由财政部门、上级单位和其他单位拨入的指定项目或用途并需要单独报账的专项资金的实际支出数。
	事业支出	核算开展各项专业业务活动及其辅助活动发生的实际支出。
	经营支出	核算在专业业务活动及其辅助活动之外开展非独立核算经营活动发生的各项支出以及实行内部成本核算单位已销产品实际成本。
	成本费用	核算实行内部成本核算的非营利组织应列入劳务（产品、商品）成本的各项费用。
	销售税金	核算非营利组织提供劳务或销售产品应负担的税金及附加。
	上缴上级支出	核算附属于上级单位的独立核算单位按规定的标准或比例上缴上级单位的支出。
	对附属单位补助	核算用非财政预算资金对附属单位补助发生的支出。
	结转自筹基建	核算经批准用财政补助收入以外的资金安排自筹基本建设，其所筹集并转存建设银行的资金。

第九章 Dijiuzhang 公立非营利组织资产和负债的核算

【学习目标】 本章主要介绍公立非营利组织资产和负债的核算，通过学习要求学生：能列举公立非营利组织资产、负债的具体内容；明白零余额账户用款额度与银行存款、现金之间的关系，并能正确进行账务处理；知道应收及预付款包括哪些内容，能正确进行应收及预付款的核算；知道存货有哪些，能处理材料收发业务及账务；知道固定资产的范围，能正确进行账务处理；了解对外投资和无形资产的核算；知道应缴预算款与应缴财政专户款的区别；正确进行借入款、应付及预收款、应交税金的核算。

第一节 公立非营利组织流动资产的核算

流动资产是指可以在一年内变现或者耗用的资产，包括用款额度、现金、各种存款、应收及预付款项、存货等。

一、零余额账户用款额度

单位零余额账户是实行国库集中收付改革后各单位的基本存款账户。零余额账户用款额度是在国库集中收付制度下，经各预算单位申请，财政部门审查批准，下达给各预算单位和代理银行的用款控制额度。在用款额度内，由用款单位签发财政授权支付凭证支用款项。

核算公立非营利组织零余额账户用款额度的变化情况，应设置“零余额账户用款额度”（资产类）账户，借方登记财政下达的授权支付额度数，贷方登记授权支付的支出数，余额在借方，平时余额反映尚未支用的限额数，年终余额应注销。若有跨年度使用的限额，经财政部门批准后，转入下年使用。

现以某公办高校为例说明公立非营利组织的会计核算方法，第九章至第十一章带序号例题均为该校某年12月份发生的经济业务，设该校为增值税一般纳税人。

[例9-1]　收到代理银行转来的《授权支付额度到账通知书》，列示12月份财政授权支付额度为500000元（预算内）。凭授权支付额度到账通知书填记账凭证，会计分录如下：

借：零余额账户用款额度——预算内　　500000

　　贷：财政补助收入　　500000

若收到的是来自于预算外资金财政专户的财政授权用款额度，则记：

借：零余额账户用款额度——（预算外）

　　贷：事业收入——财政授权支付

[例9-2]　开出财政授权支付凭证付电费39000元。凭电费收据、特约委托收款通知、支付凭证等填记账凭证，会计分录如下：

借：事业支出——财政授权支付（基本支出）（商品和服务支出）（水费）　　39000

　　贷：零余额账户用款额度　　39000

[例9-3]　开出财政授权支付凭证，购办公耗材一批，发票金额合计为21200元，材料已验收入库。凭发票、支付凭证、入库单等填记账凭证，会计分录如下：

借：材料　　21200

　　贷：零余额账户用款额度　　21200

[例9-4]　开出财政授权支付凭证，提取现金32000元，支付教师课时津贴及课时补贴。凭支付凭证、教师课时津贴及课时补贴发放表填记账凭证，会计分录如下：

借：事业支出——财政授权支付（基本支出）（工资和福利支出）（津贴补贴）　　32000

　　贷：零余额账户用款额度　　32000

[例9-5]　开出财政授权支付凭证，支付办公楼楼顶维修费12000元。凭支付凭证、物耗清单等填记账凭证，会计分录如下：

借：事业支出——财政授权支付（基本支出）（商品和服务支出）（维修费）　　12000

贷：零余额账户用款额度　　　　　　　　　　12000

"零余额账户用款额度"下按资金来源分设"预算内（财政拨款）"和"预算外（预算外资金专户）"两个明细账户进行明细核算，定期与财政部门核对财政支付数，与代理银行核对财政授权支付的额度数、支用款、结余数。财政授权支付的对账单由代理银行提供，经双方签证后的对账单由公立非营利组织随同月份会计报表逐级上报。

二、现金

现金是指库存在单位内部的现金，是一种流动性很强的货币资金，公立非营利组织应严格遵守国务院关于现金管理的有关规定，做好现金的日常管理和核算工作。

核算现金的增减变化，应设置"现金"（资产类）账户，借方登记现金的增加数，贷方登记现金的减少数，余额在借方，反映现金的库存数。

[**例 9-6**]　开出财政授权支付凭证，提现 3000 元备用。凭支付凭证填记账凭证，会计分录如下：

借：现金　　　　　　　　　　　　　　　　3000

　　贷：零余额账户用款额度　　　　　　　　　　3000

[**例 9-7**]　李欣同志因公出差，预借差旅费 2000 元。凭借款凭证填记账凭证，会计分录如下：

借：其他应收款——李欣　　　　　　　　　2000

　　贷：现金　　　　　　　　　　　　　　　　　2000

[**例 9-8**]　总务部门购办公用品 200 元，持发票报销，付给现金。凭发票填记账凭证，会计分录如下：

借：事业支出——财政授权支付（基本支出）（商品和服务支出）

　　　　　　（办公费）　　　　　　　　　200

　　贷：现金　　　　　　　　　　　　　　　　　200

三、银行存款

银行存款是流动资产的重要组成部分，是单位完成业务工作的重要财力保证，为保证其安全，国家制定了一系列的管理办法，公立非营利组织应遵照执行。在国库集中收付制度下，公立非营利组织的基本账户是单位的零余额账户，“银行存款”科目作为改革过渡时期的保留账户，其核算内容改为预算单位的自筹资金收入、以前年度结余、各项往来款项、不必上交财政的零星杂项收入、有偿服务收入等。

[例 9-9]　收到外单位未限定用途的捐款 200000 元（支票）。凭进账单回单填记账凭证，会计分录如下：

借：银行存款　　　　200000

　　贷：其他收入　　　　200000

四、应收及预付款项

应收及预付款项属于公立非营利组织的债权，是流动资产的组成部分。它包括应收账款、应收票据、其他应收款和预付账款等。

（一）应收账款的核算

应收账款是非营利组织因提供劳务、开展有偿服务以及销售产品等业务形成的应收而未收的款项。

一般而言，非营利组织赊销商品或提供劳务等，应按买卖成交时的实际金额入账，但如果应收账款有现金折扣，则要考虑折扣因素。在存在现金折扣的情况下，应收账款入账金额的确定有两种方法：总价法和净价法。我国会计实务中采用的是总价法，即以不扣除现金折扣的金额作为应收账款的入账金额。

反映应收账款的发生、收回和结存情况，应设置“应收账款”（资产类）账户。借方登记应收的账款数，贷方登记应收账款的收回数，借方余额表示待结算应收账款的累计数。本账户应按债务人设置明细账，反映应收账款的详细情况，以便及时向债务人催收欠款。

[例 9-10]　高校附属的非独立核算的书刊门市部销售专业书籍一批，成交价为 12000 元，款未收。双方商定的现金折扣为 2/10，1/20，n/30，图书的增值税适用税率为 13%。凭发票填记账凭证，会计分录如下：

借：应收账款　　　　12000

　　贷：经营收入　　　　10619.47

　　　　应交税金——应交税金（销项税额）　　1380.53

若上述货款在 10 天内收到，凭进账单回单填记账凭证，会计分录如下：

借：银行存款　　11760

　　经营收入　　240

　　贷：应收账款　　12000

（二）应收票据的核算

应收票据是非营利组织在采用商业汇票结算方式下，因从事经营活动销售商品而持有的、尚未到期兑现的商业汇票。商业汇票根据承兑人的不同，可分为商业承兑汇票和银行承兑汇票。

反映商业汇票收到及到期收回票面金额和结存情况，应设置“应收票据”（资产类）账户。借方登记收到的已经承兑的商业汇票的金额；贷方登记到期的或已贴现、已背书转让的商业汇票的金额，余额在借方，表示尚未到期的商业汇票的金额。

[例 9－11] 附属非独立核算的书刊门市部销售高自考用书一批，收到票面金额为 14000 元，票面利率为 6%，期限两个月的商业承兑现汇票一张。凭发票等填记账凭证，会计分录如下：

借：应收票据　　14000

　　贷：经营收入　　12389.38

　　　　应交税金——应交增值税（销项税额）　　1610.62

若两个月后如期收到票款，凭进账单回单填记账凭证，会计分录如下：

借：银行存款　　14140

　　贷：应收票据　　14000

　　　　经营支出——其他费用　　140

若两个月后付款人不能付款，则将“应收票据”的票面金额转入“应收账款”。

若由于资金短缺，该校持票一个月时向银行申请贴现，贴现率为 12%，则：

票据到期值 = 14000 + 14000 × 6% × 2/12 = 14140（元）

贴现息 = 14140 × 12% ÷ 12 × 1 = 141.40（元）

贴现净额 = 14140 － 141.40 = 13998.60（元）

借：银行存款　　13998.60

　　经营支出——其他费用　　1.40

　　贷：应收票据　　　　　　　　　　　　　　　　14000

为了便于分析和管理应收票据，非营利组织应设置“应收票据备查簿”，对每张票据进行登记。收到商业汇票时，详细记录票据的种类、出票人、承兑人、面值、利率、期限等资料，已贴现票据的贴现日、贴现息、实收金额等也应逐一登记备查簿。待票据到期收回款项或转销时，逐笔予以注销。

（三）预付账款的核算

预付账款是指非营利组织因购买商品或劳务预先付给供应单位的货款。反映非营利组织按照购货、劳务合同规定预付给供应单位的款项，应设置“预付账款”（资产类）账户。借方登记预付给供应单位的款项及补付的款项；贷方登记收到所购物品或劳务结算时，发票账单所列金额及退回的多余款项。借方余额表示尚未结算的预付款项。预付款项业务不多的非营利组织也可以将预付的款项直接记入“应收账款”账户的借方，不单独设置“预付账款”账户。

［例 9－12］　学校为改善教学环境，拟新建电教系统，与华安公司签定合同，工期两个月，总价款 1900000 元。合同规定工程开始时预付款项 800000 元，余款等安装完成，验收合格后支付。开出财政授权支付凭证，预付款项 800000 元。凭支付凭证填记账凭证，会计分录如下：

借：预付账款　　　　　　　　　　　　　　800000

　　贷：零余额账户用款额度　　　　　　　　　800000

两月后，电教系统安装完成，验收合格。开出财政授权支付凭证，补付余款。凭支付凭证、物耗清单等填记账凭证，会计分录如下：

借：事业支出——财政授权支付（基本支出）（其他资本性支出）

　　　　　　（专用设备购置）　　　　　　1900000

　　贷：预付账款　　　　　　　　　　　　　　800000

　　　　零余额账户用款额度　　　　　　　　　1100000

借：固定资产　　　　　　　　　　　　　　1900000

　　贷：固定基金　　　　　　　　　　　　　　1900000

（四）其他应收款的核算

其他应收款是指除应收账款、应收票据、预付账款以外的其他应收，暂付款项，如借出款、备用金、应向职工收取的各种垫付款项等。

反映其他应收款发生、收回和结存情况，应设置“其他应收款”(资产类）账户。借方登记其他应收款的应收额，贷方登记其他应收款的收回数，余额在借方，表示尚未收回的其他应收款金额。

本账户应按其他应收款的项目和债务单位（个人）名称设置明细账。

[例 9－13] 一台机床发生非正常报废，本仪器已投保。账面价 93000 元，经与保险公司联系，保险公司同意赔偿 10000 元。凭固定资产报废单等填记账凭证，会计分录如下：

借：其他应收款	10000	
贷：其他收入		10000
借：固定基金	93000	
贷：固定资产		93000

[例 9－14] 收到保险公司的赔款 10000 元。凭收账通知填记账凭证，会计分录如下：

借：银行存款	10000	
贷：其他应收款		10000

五、存货

存货是指非营利组织在业务活动过程中为耗用或者销售而持有的各种资产，包括材料、产成品等。存货是非营利组织流动资产的重要组成部分。凡是法定所有权属于单位的一切材料、产成品，无论其存放何处，均视为该单位的存货。

非营利组织应加强对存货的管理，必须建立、健全存货的购买、验收、领用、保管等管理制度，明确责任，并提高存货使用效益。同时，应对存货进行清查盘点，保证账实相符，保证存货的安全。

（一）存货的分类

非营利组织的存货一般可分为以下几种：

1．原材料。指使用后立即消耗或改变原有形态的各种物质，如原料、燃料、实验材料、改装使用的元件、零配件等。

2．低值易耗品。指因价值低、易损耗等原因而不作固定资产管理的劳动资料，如仪器、仪表、工具、量具、器皿、一般用品和劳动保护用品等。

3. 办公用品。指非营利组织在办公活动中使用的各种物料，如纸张、笔墨等。

4. 产成品。指非营利组织生产完工并已验收入库的产品。

（二）材料的核算

1. 材料的计价

非营利组织的材料包括原材料、低值易耗品、办公用品等。材料计价是材料核算中一个十分重要的问题，材料计价的一般原则是：

(1) 购入材料，应以购价加运费作为材料入账价格。“购价”对不同类型的非营利组织购进的不同用途的材料，其具体含义如下：

非营利组织按《中华人民共和国增值税暂行条例》规定属于一般纳税人（以下简称一般纳税人）的，其购进的材料非自用部分，购价是指不含税价格；自用部分，购价是指含税价格。规定属于小规模纳税人（以下简称小规模纳税人）的，其购进材料的购价是指含税价格。

(2) 材料出库可以根据实际情况选择先进先出法或加权平均法确定其实际成本。

2. 材料的核算

非营利组织材料的核算，为避免重复，会计部门和材料管理部门只设一套账。会计部门设“材料”总账，用以核算材料的增减变动，材料管理部门设材料明细账，按类立账，按品名和规格分户，具体核算材料收入、发出和结存的数量和金额。

核算材料的增减变化，应设置“材料”（资产类）账户。借方登记采购入库的材料的实际成本，贷方登记按先进先出法或加权平均法计算的领出材料的实际成本，借方余额反映非营利组织库存材料的实际成本。

本账户按材料的保管地点、材料的种类和规格设置明细账。

(1) 购入材料。各单位采购材料，应按批准的计划进行。无论是购入或调入，在收进材料时，应由保管员根据凭单验收，无误后在凭单上加盖“验收”戳记和验收人名章，并填制“入库单”一式二份，一份自存，作为登记材料明细账的依据，一份连同购料的原始单据交会计部门报账。

[**例 9-15**] 开出财政授权支付凭证，购进自用甲材料 50 千克，价款为 4000 元，增值税专用发票上注明的税额为 680 元，材料已验收入库，货款已付。凭支付凭证、发票、入库单等填记账凭证，会计分录如下：

借：材料——甲材料　　4680

　　贷：零余额账户用款额度　　4680

[**例 9-16**] 购进非自用丙材料 80 千克，货款为 6000 元，增值税专用发票上注明的税额为 1020 元，运费 300 元。材料已验收入库，开出财政授权支付凭证支付材料款及运费。凭支付凭证、发票、入库单等填记账凭证，会计分录如下：

借：材料——丙材料　　6300

　　应交税金——应交增值税（进项税额）　　1020

　　贷：零余额账户用款额度　　7320

(2) 发出材料。各非营利组织应根据用料计划节约用料。领料时由领用部门填“领料单”，注明材料的品种、规格、数量、用途等，经审核后，向材料管理部门领料。领料单一式三联，发料后，在领料单上加盖“发讫”戳记。一联由领料部门存查；一联由材料保管人员留存据以登记材料明细账；一联由材料保管人员转交会计部门。

发出材料时，可采用“加权平均法”计算发出材料的单价。

[**例 9-17**] 月末仓库报来的“材料明细账”和“发出材料汇总表”，列示本月业务上领用甲材料 60 千克（该材料期初结存 30 千克，单价 82.067 元，各批材料均以财政授权支付方式购进）。

甲种材料的加权平均单价 $= \frac{2462 + 4680}{50 + 30} = 89.275$（元/千克）

本月发出材料成本 $= 60 \times 89.275 = 5356.50$（元）

凭发出材料汇总表填记账凭证，会计分录如下：

借：事业支出——财政授权支付（基本支出）（商品和服务支出）（专用材料费）　　5356.50

　　贷：材料——甲材料　　5356.50

全月一次加权平均法，只需在月末一次计算加权平均单价。平时领料时，不计单价和金额，由材料管理人员在材料明细账上登记材料的发出数量。月末在平均单价计算出来以后一次登记发出金额。

(3) 材料的清查。非营利组织的材料，平时应定期盘点，年终必须全面清查。如发现盘盈盘亏等情况，属正常范围内的，作增减支出处理。

[例 9-18] 年终盘点，发现甲材料盘亏 2 千克，计 160 元。填“材料盘盈盘亏报告表”，经领导批准后据以记账。

借：事业支出——财政授权支付（基本支出）（商品和服务支出）
（其他商品和服务支出）　　　　160
　　贷：材料——甲材料　　　　　　　　160

（三）产成品的核算

产成品是非营利组织的另一种重要存货，产成品核算的很多方面与材料核算相同，现仅就产成品核算的特点进行简要说明。

产成品是指非营利组织生产完工并已验收入库的产品。验收入库的产成品应按实际成本计价。根据我国《企业会计准则》的有关规定：企业直接为生产商品和提供劳务等发生的直接人工、直接材料和其他直接费用直接计入生产成本；企业为生产商品和提供劳务而发生的各项间接费用应当按一定标准分配计入生产成本。从事产品生产的非营利组织，可比照上述规定计算产品成本，并据此确定验收入库产成品的价值。产成品的发出，可与材料一样，按先进先出法、全月一次加权平均法计价。

非营利组织进行产成品存货的核算，应设置“产成品”（资产类）账户。借方登记生产完工验收入库和盘盈的产成品成本，贷方登记按先进先出法或加权平均法计算的已销产品成本和盘亏的产品的实际成本。借方余额反映库存产品的实际成本。

本账户应按产成品的种类、品种和规格设置明细账。

[例] 某科研单位某月初有产成品存货物 1000 件，单位成本 10 元，6 日完工验收入库产品 2000 件，单位成本 12 元，10 日销售 1500 件，20 日完工验收入库 800 件，单位成本 11 元，22 日销售 2200 件。按先进先出法计算销售产品的成本。

6 日验收入库：

借：产成品　　　　　　　　　　　　24000

贷：成本费用 24000

10 日销售时，按先进先出法结转已销产品成本：

借：经营支出——其他费用 16000

贷：产成品 16000

20 日完工入库时：

借：产成品 8800

贷：成本费用 8800

20 日销售 2200 件，按先进先出法结转已销产品成本：

借：经营支出——其他费用 25700

贷：产成品 25700

非营利组织的产成品应定期清查盘点，对出现的盘盈、盘亏情况，应编制盘盈盘亏报告表，经领导批准后作增减“经营支出——其他费用”处理。

第二节 公立非营利组织非流动资产的核算

一、对外投资

对外投资是指非营利组织根据国家法律及有关规定，以自有资产向其他单位的投资，包括债券投资和其他投资。非营利组织对外投资可采用货币、实物和无形资产等形式。非营利组织资金主要是来源于财政拨款，对外投资不构成经济活动的主要内容。因此，非营利组织对外投资应以不影响本单位完成正常的事业计划为前提，保证国有资产的完整性，防止流失，并按照规定程序审批。

核算对外投资的形成和变化情况，应设置“对外投资”（资产类）账户。借方登记对外投资增加数，贷方登记对外投资的减少数，借方余额表示对外投资的实有数。

本账户应按投资种类、投资对象进行明细核算。

对外投资出资方式不同，具体核算也不完全一样，现举例说明如下：

[例 9－19] 学校以设备一台对外投资，该设备账面原价 150000 元，协议价为 145000 元。凭固定资产移交凭证等填记账凭证，会计分录如下：

借：对外投资 145000
　贷：事业基金——投资基金 145000
借：固定基金 150000
　贷：固定资产 150000

假如该校以账面价值为 9000 元的 C 材料向另一单位投资，双方协商作价 11000 元。凭材料出库单等填记账凭证，会计分录如下：

借：对外投资 11000
　贷：材料——C 材料 9000
　　应交税金——应交增值税（销项税额） 1870
　　事业基金——投资基金 130
借：事业基金——一般基金 9000
　贷：事业基金——投资基金 9000

若投资人为小规模纳税人，则：

借：对外投资 11000
　贷：材料 9000
　　事业基金——投资基金 2000
借：事业基金——一般基金 9000
　贷：事业基金——投资基金 9000

若该校以一项无形资产（非专利技术）对外投资，账面价值为 40000 元，协商作价 120000 元。

借：对外投资 120000
　贷：无形资产 40000
　　事业基金——投资基金 80000
借：事业基金——一般基金 40000
　贷：事业基金——投资基金 40000

[例 9－20] 兑付一批按面值购入的三年期国库券 100000 元，利率为 10%。凭兑付利息清单填记账凭证，会计分录如下：

借：银行存款 130000
　贷：对外投资 100000

其他收入　　30000

借：事业基金——投资基金　　100000

　贷：事业基金——一般基金　　100000

二、固定资产

固定资产的概念、范围、分类、计价同第五章。公立非营利组织如有融资租入的固定资产，按租赁协议确定的设备价款加上运费、安装费等核算固定资产价值，并在会计报表附注中说明。

（一）固定资产增加的核算

[例 9-21] 开出财政授权支付凭证购入教学设备一批，货款300000元，增值税额51000元。设备已验收交付使用。凭支付凭证、发票等填记账凭证，会计分录如下：

借：事业支出——财政授权支付（基本支出）（其他资本性支出）（专用设备购置）　　351000

　贷：零余额账户用款额度　　351000

（若是以经营收入、专用基金——修购基金购入的，则借方科目应为经营支出、专用基金——修购基金等）

同时

借：固定资产　　351000

　贷：固定基金　　351000

[例 9-22] 以融资租赁方式租入教学用设备一台，经双方协商，价格为60000元，分两次付款，每次付50%。本期付款30000元，发生运杂费、安装费共计1000元，均以财政授权方式支付。凭支付凭证、资产交接单等填记账凭证，会计分录如下：

借：固定资产　　61000

　贷：其他应付款　　30000

　　零余额账户用款额度　　31000

借：事业支出——财政授权支付（基本支出）（其他资本性支出）（专用设备购置）　　31000

　贷：固定基金　　31000

（二）固定资产减少的账务处理

固定资产减少的原因主要有报废、毁损、变价出售、投资转出等。

公立非营利组织固定资产的报废和转让，一般经本单位负责人批准后核销；大型、精密贵重的设备仪器报废和转让，应当经过有关部门鉴定，报主管部门或者国有资产管理部门、财政部门批准，具体审批权限由财政部门会同国有资产管理部门规定。国家国有资产管理局和财政部联合颁发的《行政事业单位国有资产管理办法》（国资事发［1995］717号）以及国家国有资产管理局颁发的《行政事业单位国有资产处置管理实施办法》（国资事发［1995］106号）对公立非营利组织固定资产的报废和转让的具体规定是：中央级非营利组织占有或者使用的固定资产中单位价值在20万元以上的报废和调出，经主管部门审核后报国家国有资产管理局会同财政部审批；规定标准以下的审批权限由主管部门决定。各省、自治区、直辖市以及计划单列市可根据实际情况规定固定资产报废和调出的审批权限。

［例9-23］ 经学校领导批准出售旧面包车一辆，变价收入5000元，收进支票，开出收据，该车账面原价67000元。凭收据、进账单回单填记账凭证，会计分录如下：

借：银行存款　　5000
　　贷：专用基金——修购基金　　5000
借：固定基金　　67000
　　贷：固定资产　　67000

清理报废、毁损固定资产的残值变价收入和清理费用列入“专用基金——修购基金”科目。

三、无形资产

无形资产是指不具有实物形态而能为单位提供某种权利的资产，包括专利权、商标权、土地使用权、非专利技术、著作权、商誉等。

（一）无形资产的计价

无形资产按取得时的实际成本计价。具体标准为：

1. 投资者投入的无形资产，按照评估确认价值或协议约定价值计价。

2. 购入的无形资产，按照实际成本计价，包括买价、支付的手续费、聘请律师费以及其他因受让无形资产而支付的相关费用。

3. 自行开发的无形资产，按照依法取得时发生的注册费、聘请律师费以及其他相关支出计价。

(二) 无形资产的账务处理

为了核算和监督无形资产的取得、转让和摊销等情况，应设置“无形资产”(资产类) 账户。借方登记投资者投入、单位购入或自行开发的无形资产价值；贷方登记自用摊销、对外投资或向外转让的无形资产价值；借方余额表示尚未摊销的无形资产的价值。

本账户应按无形资产类别设明细账户。

[例] 某非营利组织按法定程序购入一项专利技术，价款为200000元，支付手续费等费用5000元，款已通过代理银行付讫，根据付款凭证填记账凭证，会计分录如下：

借：无形资产——专利权　　205000

　　贷：零余额账户用款额度　　205000

[例] 某非营利组织自行开发某项专利技术耗资300000元，受益期5年，单位实行内部成本核算，本期应摊销60000元，凭成本计算单填记账凭证，会计分录如下：

借：无形资产——专利技术　　300000

　　贷：成本费用　　300000

本期摊销时记：

借：经营支出　　60000

　　贷：无形资产　　60000

[例] 某非营利组织对外转让一项已申请注册登记的无形资产的所有权，价款200000元，收进支票；无形资产的成本为170000元，单位不实行内部成本核算，凭进账单填记账凭证，会计分录如下：

借：银行存款　　200000

　　贷：事业收入　　200000

同时记：

借：事业支出——其他费用　　170000

　　贷：无形资产　　170000

第三节　公立非营利组织借入款项、应付及预收账款的核算

一、借入款项

借入款项是指公立非营利组织从财政部门、上级主管部门、金融机构或其他单位借入的有偿使用的款项。

公立非营利组织应设置“借入款项”（负债类）账户，核算和监督借入的各种款项，该账户贷方登记借入数，借方登记归还的本金数，贷方余额表示尚未归还的借款本金数。

该账户应按债权单位设置明细账。

借款的利息支出应根据借款的用途区别处理。借款用于非经营性业务的，其利息支出列入“事业支出”账户；借款用于从事产品生产或商品经营等经营性业务的，其利息支出列入“经营支出”账户。

[例 9－24]　附属非独立核算的防疫制品厂因资金周转原因，向银行借入经营用短期借款 100000 元，年利率为 3.5%，期限一个月。凭贷款凭证填记账凭证，会计分录如下：

借：银行存款　　100000

　　贷：借入款项　　100000

一个月后还款时，填贷款偿还凭证并签发转账支票办理还款手续。

借：借入款项　　100000

　　经营支出——其他费用　　291.66

　　贷：银行存款　　100291.66

二、应付票据

应付票据是非营利组织对外发生债务时，由付款人或收款人开出并由承兑人承兑的商业汇票，包括银行承兑汇票和商业承兑汇票。

为了核算和监督应付票据的发生和支付情况，应设置“应付票据”（负债类）账户。贷方登记单位购物、抵付货款时开出并承兑的

商业汇票金额，借方登记已支付的商业汇票金额，贷方余额表示尚未到期的商业汇票金额。

为了加强应付票据的管理，非营利组织应设置“应付票据登记簿”，详细登记每一应付票据的种类、号数、签发日期、到期日、票面金额、收款人姓名或单位名称以及付款日期和金额等详细资料。应付票据到期付清时，应在备查簿内逐笔注销。

[例 9-25] 购入教学用实验材料一批，成本为 5000 元，增值税专用发票上反映的税额为 850 元。出具期限为 3 个月，票面利率为 3%的银行承兑汇票一张，材料已验收入库。凭发票、入库单等填记账凭证，会计分录如下：

借：材料——B 材料　　5850

　　贷：应付票据　　5850

根据银行承兑汇票手续费结算单所列的手续费 5.85 元填记账凭证，会计分录如下：

借：事业支出——财政授权支付（基本支出）（商品和服务支出）（手续费）　　5.85

　　贷：现金　　5.85

三个月后收到银行的支付通知支付本息，会计分录如下：

借：应付票据　　5850

　　事业支出——财政授权支付（基本支出）（商品和服务支出）（其他）　　43.88

　　贷：零余额账户用款额度　　5893.88

非营利组织开出并承兑的商业汇票如果不能如期支付，应在票据到期且还没有签发新票据时，将“应付票据”账面余额转入“应付账款”账户，待协商后再行处理。如果以重新签发的票据清偿原应付票据时，再从“应付账款”账户转入“应付票据”账户。

三、应付账款

应付账款是指因购买材料、商品或接受劳务供应等而发生的债务。应付账款和应付票据不同，两者虽然都是由于交易而引起的负债，但应付账款是尚未结清的债务，而应付票据是一种期票，是延期付款的证明。

为了核算和监督应付账款增减变化及结算情况，非营利组织应设置“应付账款”（负债类）账户，贷方登记应付的账款数，借方登记应付账款结算减少数，贷方余额反映尚未支付的应付账款数额。

该账户适用于实行内部成本核算的单位，应按供应单位设置明细账。

应付账款的计价，可参照应收账款的计价办法。

[例 9-26] 附属非独立核算的防疫制品厂购入经营用丙材料一批，增值税专用发票上注明材料价款为 150000 元，增值税额为 25500 元。材料已验收入库，款未付。凭发票、入库单填记账凭证，会计分录如下：

借：材料——丙材料 150000

　　应交税金——应交增值税（进项税额） 25500

　　贷：应付账款 175500

若上例中购入的材料已验收入库，但发票直到月末仍未到。收到材料时，由于发票未到，单位可暂不作处理。月末发票仍未到，但由于该项负债已成立，应将材料暂估入账。假设暂估材料价值为 160000 元。则会计处理为：

借：材料——丙材料 160000

　　贷：应付账款 160000

下月初用红字冲销：

借：材料——丙材料 [160000]

　　贷：应付账款 [160000]

月中收到对方转来的发票时：

借：材料——丙材料 150000

　　应交税金——应交增值税（进项税额） 25500

　　贷：应付账款 175500

若 10 天后，应对方要求开出商业承兑汇票一张，抵付 175500 元材料款：

借：应付账款 175500

　　贷：应付票据 175500

四、预收账款

预收账款是指非营利组织按照合同规定向购货单位或接受劳务单位预收的款项，如预收货款、租金、报刊杂志订阅费等。非营利组织按合同规定如期交货或提供劳务以后，预收款项才能转为收入，债务才得以解除。

对预收款项较多的非营利组织，应设置“预收账款”（负债类）账户进行核算。贷方登记预收款和购货方补付的款项数，借方登记发出货物或提供劳务后结算减少及退付多收货款数，贷方余额反映尚未结算的预收账款数。预收账款业务不多的单位，也可将预收的账款直接记入“应付账款”账户的贷方，不设本账户。

本账户应按购买单位设置明细账。

[例 9－27] 附属的非独立核算的防疫制品厂收到康乐医院汇来的预订疫苗款 60000 元，凭收账通知填记账凭证，会计分录如下：

借：银行存款　　60000

　贷：预收账款　　60000

[例 9－28] 月末向康乐医院发出疫苗，经结算货款为 59000 元，余款通过银行汇还。凭信汇回单、发票填记账凭证，会计分录如下：

借：预收账款　　60000

　贷：经营收入　　50427.35

　　应交税金——应交增值税（销项税额）　　8572.65

　　银行存款　　1000

五、其他应付款

其他应付款是指非营利组织应付、暂收其他单位或个人的各种款项，如租入固定资产的租金、存入保证金、应付统筹退休金、个人交存的住房公积金以及应付给投资者的收益等。

为了核算和监督其他应付款的发生和结存情况，应设置“其他应付款”（负债类）账户。贷方登记发生的应付及暂收款，借方登记已结算支付款，贷方余额表示尚未结算的应付及暂收款。

本账户按应付、暂收款项的类别或单位、个人姓名设置明细账户。

[例 9-29] 出租教学实训基地两周，按协议收到保证金 50000 元，收进支票。凭进账单回单、收据填记账凭证，会计分录如下：

借：银行存款 50000

贷：其他应付款 50000

[例 9-30] 两周后，办理结算，租金为 20000 元，开出支票将余款退回。凭支票存根等填记账凭证，会计分录如下：

借：其他应付款 50000

贷：其他收入 20000

银行存款 30000

第四节 公立非营利组织应缴款项的核算

应缴款项是指公立非营利组织按照有关法规应向国家财政、税务部门缴纳的款项，包括应缴预算款、应缴财政专户款及应交税金。

一、应缴预算款

应缴预算款是指公立非营利组织按规定应缴国家预算的收入。其具体内容见第五章第二节行政单位负债的核算。

[例 9-31] 收到追回的赃款 10000 元，存入银行。凭有关凭证填记账凭证，会计分录如下：

借：银行存款 10000

贷：应缴预算款 10000

[例 9-32] 月末填“缴款书”将上述款项上缴国库。凭缴款书填记账凭证，会计分录如下：

借：应缴预算款 10000

贷：银行存款 10000

执行收支两条线管理办法，实行代收财政资金直接缴库方式的单位，不使用该科目。

二、应缴财政专户款

应缴财政专户款的具体内容和核算方法见第五章第二节。执行收支两条线管理办法，实行代收财政资金直接缴库方式的单位，不使用该科目。

三、应交税金

应交税金是公立非营利组织按税法规定应交纳的各项税金。主要有增值税、营业税、城市维护建设税、所得税等。

核算应交未交的税款，应设置“应交税金”（负债类）账户。贷方登记应交未交的各种税金，借方登记已交税金，贷方余额反映未交税金。

应交税金应按所交纳的税金种类进行明细核算。其中属于一般纳税人的公立非营利组织，在应交增值税明细账下应设置“进项税额”、“销项税额”、“已交税金”等专栏。

（一）增值税

增值税是对在我国境内销售货物、提供加工、修理、修配劳务以及进口货物的单位和个人征收的一种流转税。增值税的纳税义务人可分为一般纳税人和小规模纳税人。

1. 一般纳税人的购销业务的账务处理

（1）非营利组织购入非自用材料时，应按增值税专用发票上注明的增值税记：

借：材料（采购成本）

　　应交税金——应交增值税（进项税额）

　　贷：银行存款（实际支付的金额）

（2）销售产品等取得经营收入时，按实际收到的价款记：

借：银行存款（价税合计金额）

　　贷：经营收入

　　　　应交税金——应交增值税（销项税额）

（3）发生销货退回，不论是否属于本年度的销售，均应冲减本期经营收入。其会计处理方法是：做与原会计分录方向相反的会计分录。

（4）非营利组织缴纳增值税时，以销项税额与进项税额的差额，记：

借：应交税金——应交增值税（已交税金）

贷：银行存款

2. 小规模纳税人购销业务的账务处理

属于小规模纳税人的公立非营利组织，在销售货物或提供劳务时，一般情况下，只开普通发票，按不含税价格的6%计算应交增值税。采用销售额和应纳税金合并定价的，按照公式“销售额 = 含税金额 × （1 + 6%）”还原为不含税销售额。

[例] 某公立非营利组织为小规模纳税人，本期购入非自用甲材料，增值税专用发票注明的采购价格为50000元，增值税额8500元。款已由银行转账支付，材料验收入库，单位本期销售产品取得收入（含税）15900元，收到面额为15900元的商业汇票一张。凭支票存根、发票、进账单等填记账凭证，会计分录如下：

（1）购入材料时：

借：材料——甲材料　　58500

　　贷：银行存款　　58500

（2）销售产品，取得收入时：

不含税销售额　　15900 ÷ （1 + 6%） = 15000（元）

应交增值税额　　15000 × 6% = 900（元）

借：应收票据　　15900

　　贷：经营收入　　15000

　　　　应交税金——应交增值税　　900

（二）营业税

营业税是对提供应税劳务、转让无形资产或销售不动产的单位和个人征收的一种流转税。非营利组织在经济活动中，如发生应纳营业税的行为，应对应交的营业税进行会计核算。

营业税应纳税额的计算公式为：

应纳税额 = 营业额 × 税率

式中营业额是指非营利组织提供应税劳务、转让无形资产、销售不动产向对方取得的全部价款和价外费用。价外费用包括向对方收取的手续费、基金、集资费、代收款项、代垫款项及其他各种性质的价外收费。

公立非营利组织按规定应交纳的营业税，在“应交税金”账户下设置“应交营业税”明细账进行核算。

[例9-33] 非独立核算的车队对外提供运输劳务，取得收入8000元，收进支票。营业税率为3%。凭进账单回单等填记账凭证，会计分录如下：

借：银行存款 8000

　　贷：经营收入 8000

借：销售税金 240

　　贷：应交税金——应交营业税 240

（三）城市维护建设税

公立非营利组织按规定计算应交城市维护建设税时，借记“销售税金”科目，贷记“应交税金——应交城市维护建设税”科目；上交税金时，借记“应交税金——应交城市维护建设税”科目，贷记“银行存款”科目。

[例] 某科研所对外转让非专利技术，收取转让费300000元，营业税税率5%、城市维护建设税税率7%，教育附加费率3%。凭收账通知、缴款书等填记账凭证。会计分录如下：

借：销售税金 16500

　　贷：应交税金——应交营业税 15000

　　　　　　　　——应交城市维护建设税 1050

　　　　其他应付款 450

以银行存款上交该笔税金及教育费附加时：

借：应交税金——应交营业税 15000

　　　　　　——应交城市维护建设税 1050

　　其他应付款 450

　　贷：银行存款 16500

（四）所得税

有生产经营活动并取得收入的公立非营利组织还应依法计算交纳所得税。非营利组织应交纳的所得税，在“应交税金”账户下设置“应交所得税”明细账核算。当期应记入损益的所得税，作为一项费用，在结余分配中扣除，账务处理如下：

(1) 公立非营利组织按规定计算应交所得税时：

借：结余分配——应交所得税

　　贷：应交税金——应交所得税

（2）交纳所得税时：

借：应交税金——应交所得税

　　贷：银行存款

（五）房产税、车船使用税、土地使用税等

公立非营利组织按规定计算应交纳的房产税、土地使用税、车船使用税时，借记“事业支出”或“经营支出”科目，贷记“应交税金”科目。

（六）印花税

由于印花税是纳税人预先购买印花税票，待发生应税行为时，再根据凭证的性质和规定的比例税率或按件计算应纳税额，将已购买的印花票粘于应纳税凭证上，并在每枚税票的骑缝处盖戳注销或划销，办理完税手续，因此，交纳印花税时，不需要经过“应交税金”科目核算，而应于购买印花税票时，直接记“借：事业支出（经营支出）”，“贷：银行存款”。

第十章 Dishizhang 公立非营利组织收入、支出和净资产的核算

【学习目标】 本章主要介绍公立非营利组织收入、支出、净资产的核算，通过学习要求学生：能说出公立非营利组织收入的内容，能区分各项收入并正确进行核算；能说出公立非营利组织支出的内容，能区分各类支出并正确进行核算；能明白进行结余核算的目的、核算的原理；知道基金的种类、各类专用基金的用途；能处理净资产业务。

第一节 公立非营利组织事业收入的核算

一、事业收入

（一）事业收入的内容

事业收入是指公立非营利组织开展专业业务活动及辅助活动取得的收入。其中按规定应上缴财政预算的资金和应缴财政专户的预算外资金不计入事业收入；从财政专户核拨的预算外资金和部分经财政部门核准的不上缴财政专户管理的预算外资金计入事业收入。所谓专业业务活动，是指公立非营利组织根据本单位专业特点所从事或开展的主要业务活动，也可叫做“主营业务”。如文化非营利组织的演出活动、教育非营利组织的教学活动、卫生非营利组织的医疗保健活动、农业非营利组织的技术推广活动、水利非营利组织的排灌和抗旱活动等。辅助活动是指与专业业务活动相关、直接为专业业务活动服务的单位行政管理活动、后勤服务活动及其他有关活动。通过开展上述活

动取得的收入，均作为事业收入处理。根据非营利组织的不同类型，事业收入可分为以下两类：

1. 不实行内部成本核算的公立非营利组织取得的专业业务收入，如学校、剧团、体育场（馆）等。

2. 实行内部成本核算的公立非营利组织销售产品、提供劳务所取得的收入，如产品销售收入、技术咨询收入、其他劳务服务收入等。

（二）事业收入的确认

公立非营利组织的收入一般应当在收到款项时予以确认；对于采用权责发生制的单位取得的事业收入，可以在提供劳务或发出商品，同时收讫价款或取得索取价款的凭证时予以确认。

对于长期项目的收入，应当根据年度完成进度予以合理确认。

公立非营利组织取得收入为实物时，应当根据有关凭证确认其价值，没有凭证可供确认的，参照其市场价格确认。

（三）事业收入的账务处理

为核算公立非营利组织在专业业务活动及辅助活动过程中取得的收入，应设置“事业收入”（收入类）账户。贷方登记取得或确认的收入数，借方登记定期结算出的应缴财政专户资金结余数（实行预算外资金结余上缴财政专户办法的单位）和销货退回数。平时本账户贷方余额反映当年事业收入累计数，年终将本账户贷方余额全数转入“事业结余”账户，结转后本账户无余额。

公立非营利组织通过销售产品或提供劳务而取得的事业收入，依税法规定应纳税的，要依法纳税。

现将事业收入的核算方法举例说明如下（设下列单位预算外资金都实行结余上缴专户管理办法）。

[例 10-1] 收到学杂费收入 100000 元，凭收据和进账单填记账凭证，会计分录如下：

借：银行存款　　　　　　　　　　100000

　　贷：事业收入　　　　　　　　　　100000

[例] 某科研所销售试制品 400 件，单价 200 元，计 80000 元，款已入账，增值税率为 17%。凭增值税专用发票、进账单填记账凭证，会计分录如下：

借：银行存款　93600

　　贷：事业收入　80000

　　　　应交税金——应交增值税（销项税额）　13600

［例］ 某体育馆收到门票收入28000元，现金当天送存银行，凭门票存根、现金缴款单填记账凭证，会计分录如下：

借：银行存款　28000

　　贷：事业收入　28000

［例］ 某医院财务部门收到门诊部交来当天门诊收入共计现金35000元，其中挂号收入1500元，医疗收入3500元，药品收入30000元。凭收费处交来的当日“门诊医疗费收入日报表”填记账凭证，会计分录如下：

借：现金　35000

　　贷：事业收入　35000

二、补助收入和拨入专款

（一）补助收入的内容

公立非营利组织从政府部门或上级单位取得的能够增加资产或减少负债的资金流入叫补助收入，主要包括财政补助收入和上级补助收入。

财政补助收入是公立非营利组织按照核定的预算和经费领报关系，收到由财政部门拨入的各类事业经费。上级补助收入是指公立非营利组织收到主管部门或上级单位拨入的非财政补助收入，是主管部门或上级单位用自身组织的收入或集中下级单位的收入拨给非营利组织的资金，两者是有区别的。

（二）补助收入的核算

为了正确核算和反映财政补助收入，应设置“财政补助收入”（收入类）账户。贷方登记财政部门或上级单位拨入的经费数，借方登记缴回财政部门或上级单位的经费数。平时本账户贷方余额反映财政补助收入累计数，年终将本账户贷方累计余额全部转入“事业结余”账户，转账后本账户无余额。

本账户下按《政府预算收支分类科目》中“支出功能分类科目”设置明细账户。

各接受财政拨款的单位都要按部门预算的要求编制本单位预算，在预算执行中还应编制“季度分月用款计划”。经批准的“季度分月用款计划”是财政安排补助的依据，计划内的资金财政以直接支付和授权支付两种方式供应，用款单位应严格按规定的用途使用，不得随意改变，计划中没有安排的支出，财政一般不供应资金。

为了正确核算和反映上级补助收入，非营利组织应设置“上级补助收入”（收入类）账户。贷方登记上级单位拨入的非财政资金数，借方登记缴回上级单位数。平时贷方余额反映上级补助收入累计数，年终将本账户贷方余额全部转入“事业结余”账户，转账后，本账户无余额。

[例 10-2] 收到代理银行传来的《授权支付额度到账通知书》，知本月财政授权支付额度为 500000 元。凭授权支付额度到账通知书填记账凭证，会计分录如下：

借：零余额账户用款额度 500000

　贷：财政补助收入——教育（普通教育）（高等教育）

　　500000

若收到的是上级单位用自有资金安排的非财政补助收入，则：

借：银行存款

　贷：上级补助收入

[例 10-3] 通过政府采购完成多功能礼堂建设工程，总造价 15000000 元，已验收合格，交付使用。款项由财政直接支付，收到直接支付入账通知书。凭财政直接支付入账通知书、固定资产交接单等填记账凭证，会计分录如下：

借：事业支出——财政直接支付（项目支出）（其他资本性支出）（房屋建筑物购建） 15000000

　贷：财政补助收入——教育（普通教育）（高等教育）

　　15000000

借：固定资产 15000000

　贷：固定基金 15000000

（三）拨入专款的核算

拨入专款是指非营利组织收到财政部门、上级单位或其他部门拨入的用于指定项目或用途并需要单独报账的专项资金。例如科技三项费用、科研部门的专项科研费、专项技术改造经费、农业部门的“丰收计划”经费等。

为了核算和监督非营利组织收到具有指定用途并需要单独报账的专项资金，应设置“拨入专款”（收入类）账户。贷方登记收到的拨入专项资金数，借方登记缴回拨款数。平时本账户贷方余额反映拨入专款累计数。年终结账时，对已完成项目，将本单位“专款支出”数和“拨出专款”中已耗用数转入本账户借方，转账后本账户余额反映未冲销的专项资金结余。

本账户应按资金来源和项目设置明细账，进行明细分类核算。

[例 10－4] 收到主管部门拨来用于 A 课题的科技三项费用 800000 元。根据银行的收账通知填记账凭证，会计分录如下：

借：银行存款　　800000

　　贷：拨入专款——科技三项费用（A 课题）　　800000

实行部门预算后，拨入专款作为项目经费列入公立非营利组织的项目预算，资金一般由财政直接支付，收到财政直接支付到账通知单时，记：借“事业支出”，贷“财政补助收入”。

三、经营收入、附属单位上缴收入和其他收入

（一）经营收入的核算

经营收入是指非营利组织在专业业务活动及辅助活动之外开展非独立核算经营活动取得的收入。如科研单位的产品（商品）销售收入、经营服务收入、工程承包收入、租赁收入、其他经营收入等。经营收入必须具备两个特征：一是经营活动取得的收入，而不是专业业务活动及辅助活动取得的收入；二是非独立核算的经营活动取得的收入，而不是独立核算的经营业务取得的收入。公立非营利组织的经营活动若规模较大，应尽可能地进行独立核算，执行企业财务制度，其上缴给非营利组织的纯收入，作为附属单位缴款处理。经营活动规模较小，不便或无法独立核算的，纳入到经营收入中核算。

非独立核算是指从事经营活动的部门从公立非营利组织单位领取一定数量的物资及款项从事业务活动，不独立计算盈亏，把日常发生的经济业务资料，报给公立非营利组织财务部门集中进行会计核算。如单位的车队、食堂等后勤部门，财务上不独立核算其对社会服务的

收入及其支出，由单位集中进行会计核算，此类经营活动称为非独立核算的经营活动，此类收入属经营收入。

为了核算经营收入，公立非营利组织应设置“经营收入”（收入类）账户。贷方登记取得或确认的经营收入，借方登记销货退回、发生的销售折让和折扣。平时贷方余额反映经营收入累计数，期末将本账户余额转入“经营结余”账户，转账后，本账户无余额。

公立非营利组织附属的非独立核算经营单位取得收入时，要依法纳税。

[例 10－5] 非独立核算的招待所交来住宿、进餐等现金收入共计 5800 元。凭发票填记账凭证，会计分录如下：

借：现金 5800

　　贷：经营收入 5800

[例 10－6] 非独立核算的车队向外提供运输劳务，获收入 2300 元，收进支票。凭进账单回单填记账凭证，会计分录如下：

借：银行存款 2300

　　贷：经营收入 2300

[例 10－7] 非独立核算的汽车修理厂对外提供服务，获收入 36000 元，收进支票。凭进账单回单填记账凭证，会计分录如下：

借：银行存款 36000

　　贷：经营收入 30769.23

　　　　应交税金——应交增值税（销项税额） 5230.77

[例 10－8] 月末，经计算，该校当月应缴的营业税为 239 元，会计分录如下：

借：销售税金 239

　　贷：应交税金——应交营业税 239

（二）附属单位上缴收入的核算

附属单位上缴收入又称附属单位缴款，是指公立非营利组织附属的独立核算单位按规定标准或比例缴纳的各项收入，包括附属的非营利组织上缴的收入和附属的企业上缴的利润等，如高校附属的独立核算的企业、非企业单位上缴的收入。附属单位补偿上级单位在事业支出中垫支的各种费用，应当冲减支出，不能作为缴款处理。

为了核算非营利组织收到的附属单位按规定缴来的款项，应设置

"附属单位缴款"（收入类）账户。贷方登记单位实际收到的缴款，借方登记缴款退回数。年终将本账户贷方余额全数转入"事业结余"账户，转账后本账户无余额，平时贷方余额反映附属单位缴款累计数。

［例 10－9］ 附属独立核算的珠宝首饰店按规定比例交来款项 6800 元，收进支票。凭进账单回单填记账凭证，会计分录如下：

借：银行存款　　6800

　　贷：附属单位缴款　　6800

［例 10－10］ 附属独立核算的成人教育学院按规定比例交来收入 200000 元，收进支票。凭进账单回单填记账凭证，会计分录如下：

借：银行存款　　200000

　　贷：附属单位缴款　　200000

（三）其他收入的核算

其他收入是指非营利组织除前述各项收入以外的收入，包括投资收益、固定资产出租收入、外单位捐赠未限定用途的财物、其他单位对本单位的补助以及其他零星杂项收入等。

核算公立非营利组织的其他收入，应设置"其他收入"（收入类）账户。贷方登记单位实际收到的收入数，借方登记收入退回数。平时贷方余额反映非营利组织收到的其他收入累计数。年终，将本账户贷方余额全数转入"事业结余"账户，结转后本账户无余额。

［例 10－11］ 收到被投资单位分来的投资收益 30000 元，收进支票。被投资单位所得税税率高于投资单位。凭进账单回单填记账凭证，会计分录如下：

借：银行存款　　30000

　　贷：其他收入　　30000

［例 10－12］ 收到华侨捐赠款项 200000 美元，折合为人民币 1520000 元，收进银行汇票。凭进账单回单填记账凭证，会计分录如下：

借：银行存款　　1640000

　　贷：其他收入　　1640000

第二节　公立非营利组织支出的核算

支出是公立非营利组织为开展业务活动发生的资金耗费和损失，包括事业支出、经营支出、对附属单位补助、上缴上级支出等。

一、事业支出

事业支出是指非营利组织开展各项专业业务活动及其辅助活动发生的支出。有财政补助收入的非营利组织，其财政补助资金必须按拟定的用途使用，不得自行改变资金用途。

（一）事业支出的内容

事业支出的内容见第六章第二节“经费支出”。

（二）事业支出的列报口径

按财政部有关文件规定，公立非营利组织的事业支出应遵循如下报销口径：

1. 对于发给个人的工资、津贴、补贴和抚恤救济费等，应根据实有人数和实发金额，取得本人签收的凭证后列报支出。

2. 购入办公用品可直接列报支出。购入其他各种材料可在领用时列报支出。

3. 社会保障费、职工福利费和管理部门支付的工会经费，按照规定标准和实有人数每月计算提取，直接列报支出。

4. 固定资产修购基金按核定的比例提取，直接列报支出。

5. 购入固定资产，经验收后列报支出，同时记入“固定资产”和“固定基金”账户。

6. 其他各项费用，均以实际报销数列报支出。

（三）事业支出的账务处理

为了正确反映非营利组织在专业业务活动及辅助活动中发生的支出，应设置“事业支出”（支出类）账户。借方登记发生的事业支出数和实行内部成本核算的非营利组织结转已销业务成果或产品成本数，贷方登记支出收回数。平时借方余额反映事业支出累计数。年终，将本账户借方余额全数转入“事业结余”账户，转账后本账户无余额。

[例 10－13] 根据“工资单”，本月应付工资 185600 元，其中，基本工资 100500 元，津贴补贴 72500 元，退休人员费用 12600 元。扣回单位代垫的职工电费 2000 元，代房管部门扣收职工宿舍房租 930 元，扣收职工王凤差旅费欠款 70 元，实发工资 182600 元。开出财政授权支付凭证将房租转房管部门，基本工资、退休费由财政直接支付，津贴补贴由财政授权支付，扣款从津贴补贴中处理。凭工资汇总表、财政直接支付到账通知单、财政授权支付凭证等填记账凭证，会计分录如下：

(1) 实发工资部分：

借：事业支出——财政直接支付（基本支出）（工资福利支出）（基本工资） 100500

——财政直接支付（基本支出）（对个人和家庭的补助）（退休费） 12600

贷：财政补助收入 113100

借：事业支出——财政授权支付（基本支出）（工资福利支出）（津贴补贴） 69500

贷：零余额账户用款额度 69500

(2) 代扣房租部分：

借：事业支出——财政授权支付（基本支出）（工资福利支出）（津贴补贴） 930

贷：零余额账户用款额度 930

(3) 扣回代垫的水电费部分：

借：事业支出——财政授权支付（基本支出）（工资福利支出）（津贴补贴） 2000

贷：事业支出——财政授权支付（基本支出）（商品和服务支出）（电费） 2000

(4) 扣收差旅费欠款：

借：事业支出——财政授权支付（基本支出）（工资福利支出）（津贴补贴） 70

贷：其他应收款——王凤 70

[例 10－14] 计提本月职工福利费 2075 元。凭职工福利费计提

计算表填记账凭证，会计分录如下：

借：事业支出——财政授权支付（基本支出）（商品和服务支出）（福利费） 2075

贷：专用基金——职工福利基金 2075

［例 10-15］ 以现金购办公用品 92 元。凭支出报销凭证、发票填记账凭证，会计分录如下：

借：事业支出——财政授权支付（基本支出）（商品和服务支出）（办公费） 92

贷：现金 92

［例 10-16］ 收到银行转来的委托收款凭证、电费收据，本月应付电费 10000 元，开出财政授权支付凭证付讫。凭委托收款凭证、收据、财政授权支付凭证等填记账凭证，会计分录如下：

借：事业支出——财政授权支付（基本支出）（商品和服务支出）（电费） 10000

贷：零余额账户用款额度 10000

［例 10-17］ 开出财政授权支付凭证，购账表一批，计 3200 元。凭发票、授权支付凭证填记账凭证，会计分录如下：

借：事业支出——财政授权支付（基本支出）（工资商品和服务支出）（办公费） 3200

贷：零余额账户用款额度 3200

事业支出是非营利组织日常发生得最多最复杂的业务，是单位会计核算的主要对象，资金的耗费应与相应的事业成果相对应。为了反映支出的具体去向、用途，在“事业支出”总账账户下，根据核算需要应设置明细账，按政府预算支出科目的“支出经济分类科目”设专栏，进行明细核算。现以上述［例 10-13］至［例 10-17］为例，说明“事业支出明细账”的登记方法，见表 10-1。

二、经营支出

经营支出是指公立非营利组织在专业业务活动及辅助活动之外开展非独立核算经营活动发生的支出。公立非营利组织在不影响专业业务活动进行的前提下，利用自己的优势开展经营活动取得收入，既可以充分发挥各种资源的作用，又能弥补财政经费的不足。但要注意的

表 10－1

事业支出明细账

明细科目或户名：

年		凭证号	摘要	借方	贷方	余额	借方金额分析											
							工资福利支出			商品和服务支出						对个人和家庭的补贴		
月	日						基本工资	津贴补贴	……	福利费	电费	水费	办公费	交通费	……	离休费	退休费	……
12			期初数（略）															
		10－13	发工资	182600		182600	1005000	69500									12600	
				930		183530		930										
				2000	2000	183530		2000			2000							
				70		183600		70										
		10－14	提福利费	2075		185675				2075								
		10－15	购办公用品	92		185767					92							
		10－16	付电费	10000		195767					10000							
		10－17	购账表	3200		198967							3200					
			合计	200960	2000	198967	100500	72500		2075	8092		3200				12600	

是：

（一）划清事业支出和经营支出的界限

对于能分清的支出，要合理归集，对不能分清的，应按一定标准进行分配，不得将应列入经营支出的项目列入事业支出，也不得将应列入事业支出的项目列入经营支出。

（二）发生的经营支出要与经营收入配比

核算非独立核算经营活动中发生的各项支出，应设置“经营支出”（支出类）账户。借方登记发生的各项经营支出和实行内部成本核算的非营利组织结转已销产品或劳务成果的实际成本数，贷方登记支出收回数，余额在借方。平时借方余额反映单位当年经营支出累计数，期末将本账户余额全数转入“经营结余”账户，转账后，本账户无余额。

设高校附属的非独立核算的防疫制品厂发生下列业务：

［例 10－18］ 购入生产设备一台，发票金额总计为 83000 元，开出支票。凭发票、支票存根填记账凭证，会计分录如下：

借：经营支出——专用设备购置　　83000

　　贷：银行存款　　83000

借：固定资产　　83000

　　贷：固定基金　　83000

［例 10－19］ 销售产品一批，总收入为 5059.83 元，收进支票，该批产品成本按加权平均法计算为 3800 元，该产品的适用税率为 17%。凭进账单回单、发票、出库单填记账凭证，会计分录如下：

借：银行存款　　5059.83

　　贷：经营收入　　4324.64

　　　　应交税金——应交增值税（销项税额）　　735.19

同时结转成本：

借：经营支出——其他费用　　3800

　　贷：产成品　　3800

［例 10－20］ 支付本月水费 6000 元。凭委托收款凭证、收据等填记账凭证，会计分录如下：

借：经营支出——水费　　6000

　　贷：银行存款　　6000

[例 10－21] 开出支票，支付技术人员进修学习费用 3000 元。凭支票存根、收据填记账凭证，会计分录如下：

借：经营支出——培训费 3000

　　贷：银行存款 3000

[例 10－22] 维修房屋，支付修缮费 10000 元。凭支票存根、维修物耗清单、发票等填记账凭证，会计分录如下：

借：经营支出——维修费 10000

　　贷：银行存款 10000

在“经营支出”总账账户下，根据核算需要应设置明细账，明细科目的设置可比照事业支出进行。现以上述例 10－18 至例 10－22 为例，说明“经营支出明细账”的登记方法，见表 10－2。

三、专款支出

专款支出是指由财政部门、上级单位和其他单位拨入的指定项目或用途并需要单独报账的专项资金的实际支出。主要有科研课题经费、挖潜改造资金、科技三项费用等指定项目或用途的支出。

为了核算专项资金的支出情况，应设置“专款支出”（支出类）账户。借方登记专项资金的支出数，贷方登记支出收回和完工与拨款单位结账后转入“拨入专款”的冲销数。平时借方余额反映专项资金支出总额，年终反映未冲销的专项资金支出数。

本账户按专款的项目设置明细账。

[例 10－23] 为研究 A 课题，用该课题经费购专用设备一台，价款 650000 元，开出支票，设备交付使用。凭支票存根、发票等填记账凭证，会计分录如下：

借：专款支出——A 课题（设备购置费） 650000

　　贷：银行存款 650000

同时记：

借：固定资产 650000

　　贷：固定基金 650000

[例 10－24] A 课题领用试验用材料一批，计 126000 元。凭领料单填记账凭证，会计分录如下：

借：专款支出——A 课题（业务费） 126000

表 10 – 2 **经营支出明细账**

明细科目或户名：

年		凭证号	摘要	借方	贷方	余额	借方金额分析									
月	日						基本工资	津贴补贴	奖金	社会保障费	其他工资福利	水费	设备购置	维修费	其他费用	…
12			期初数（略）													
		10 – 18	购设备	83000		83000							83000			
		10 – 19	结转已销产品成本	3800		86800									3800	
		10 – 20	水费	6000		92800						6000				
		10 – 21	职工进修费	3000		95800									3000	
		10 – 22	维修房屋	10000		105800								10000		
			合计	105800		105800						6000	83000	10000	6800	

贷：材料　　　　　　　　　　　　　　　　　　126000

［例 10－25］ 以现金购 A 课题用办公用品 4000 元。凭支出报销凭证、发票填记账凭证，会计分录如下：

借：专款支出——A 课题（公务费）　　　　4000

贷：现金　　　　　　　　　　　　　　　　　　4000

［例 10－26］ A 课题研究结束，全部费用为 780000 元。该课题拨入专款为 800000 元，按规定，余款通过转账上交主管部门。凭专款支出结算报表、支票存根等填记账凭证，会计分录如下：

借：拨入专款——科技三项费用（A 课题）　780000

贷：专款支出——A 课题　　　　　　　　780000

借：拨入专款——科技三项费用（A 课题）　20000

贷：银行存款　　　　　　　　　　　　　　20000

实行部门预算的单位，专款支出作为项目经费列入公立非营利组织的项目预算，资金一般由财政直接支付，收到财政直接支付到账通知单时，记：借“事业支出”，贷“财政补助收入”。

四、上缴上级支出

上缴上级支出是非营利组织按规定的标准或比例上缴上级单位的支出。

非营利组织利用本单位的优势，开展多种形式的经营活动，努力组织收入，其所组织的收入安排支出后有较多的结余，按规定的标准或比例应向上级上交，这部分上交的收入称上缴上级支出。

核算非营利组织按规定的标准或比例上缴上级单位的支出，应设置“上缴上级支出”（支出类）账户。借方登记上缴支出数，平时贷方一般无发生数，年终将本账户借方余额全数转入“事业结余”账户，转账后本账户无余额。

［例］ （参见例 10－10）附属独立核算的成人教育学院按规定比例向高校财务处上缴收入 200000 元，开出支票。根据支票存根等填记账凭证，会计分录如下：

借：上缴上级支出　　　　　　　　　　200000

贷：银行存款　　　　　　　　　　　　　　200000

五、结转自筹基建

公立非营利组织将自筹资金用于基本建设，资金转存到基本建设账户时，通过“结转自筹基建”科目核算。

[例 10-27] 将自筹资金 100 万元用于新建实验楼，转存建设银行。凭银行转账凭证填记账凭证，会计分录如下：

借：结转自筹基建　　1000000

　　贷：银行存款　　1000000

六、对所属单位补助

对所属单位补助是指公立非营利组织用非财政预算资金对附属单位补助发生的支出。

核算公立非营利组织用非财政预算资金对附属单位补助发生的支出数，应设置“对附属单位补助”（支出类）账户。借方登记非营利组织用非预算资金对附属单位拨付的补助款，贷方登记补助款收回数。平时借方余额反映对附属单位的补助累计数。年终，将本账户借方余额全数转入“事业结余”账户，转账后，本账户无余额。

[例 10-28] 对附属幼儿园补助 60000 元，用于购置大型玩具及取暖设施。凭支票存根、收据等填记账凭证，会计分录如下：

借：对附属单位补助　　60000

　　贷：银行存款　　60000

七、成本费用

(一) 公立非营利组织成本费用概念

公立非营利组织成本费用是实行内部成本核算的公立非营利组织在生产产品、开发项目或提供劳务过程中所发生的应列入产品或劳务成本的各项费用。主要包括业务活动过程中耗用的各种材料、支付给职工的工资及按规定计提的职工福利费、固定资产折旧和无形资产摊销，以及为组织管理业务活动而发生的管理费用等。

与企业成本核算相比，公立非营利组织的内部成本核算不是完全的成本核算。企业财务制度规定，企业实行制造成本法，把企业生产经营过程中的全部成本费用划分为直接材料、直接工资、其他直接支出、制造费用、销售费用、管理费用和财务费用，成本核算的内容是完整的，而非营利组织的内部成本核算，内容没有那么完整，有些费用项目可能没有发生，有些费用项目发生了但又无法进行准确的成本核算。与企业成本核算相比，非营利组织的内部成本核算不是严格的成本核算。企业的成本核算，要求按照权责发生制的原则确定成本费用的开支，严格划清本期成本费用和下期成本费用的界限、在产品成本和产成品成本的界限、各种产品之间的成本界限，各项成本费用的计算分配方法是非常严格的，而非营利组织一般不具备真正意义上的成本核算条件，有些成本费用的界限无法划分，计算分配方法也难以严格。

公立非营利组织实行内部成本核算，必须符合公立非营利组织财务管理的基本要求，保证公立非营利组织财务管理体制的统一性和完整性，其成本费用支出必须与事业支出科目相衔接。在进行成本项目设计时，既要满足内部成本核算的需要，又要与国家统一规定的事业支出科目相衔接。

公立非营利组织的内部成本核算，虽然不是为了计算盈亏，但能够为考核业务成果、制定收费标准、筹划资金来源、进行经济决策提供真实的会计信息。从这个意义上说，实行内部成本核算，也是公立非营利组织推行经济责任制、加强预算管理和提高资金使用效益的需要。

（二）公立非营利组织成本费用核算的账户设置

公立非营利组织在成本核算程度和制度上，可有两种选择：

1. 单独设置成本账户

实行内部成本核算的公立非营利组织可设置“成本费用”（支出类）账户，生产经营过程中发生的各项费用直接通过“成本费用”账户归集。其一级明细科目可参照企业财务制度设计为直接费用、制造费用、管理费用、财务费用等，也可根据本单位的实际情况进行适当的简化合并。二级明细科目可按“事业支出”的第五级科目设置。具体核算时，凡是能直接计入成本计算对象的直接材料费用、直接人工费用、其他直接费用可直接计入产品成本，凡是不能直接计入成本计算对象的制造费用，应根据有关凭证加以归集，然后再按照一定的分配标准，分配记入产品成本。

2. 不单独设置成本账户

有关支出直接计入相应的支出账户，而另以成本计算表计算有关产品的成本。

公立非营利组织实行内部成本核算，主要的业务步骤有六个：

一是将与产品生产有关的成本费用进行归集；

二是产品验收入库时，按成本转入“产成品”账户；

三是销售产品时，按已销产品实际成本从“产成品”账户转入“经营支出”账户；

四是将归集的管理费用、财务费用转入“经营支出”、“事业支出”账户；

五是年终时，将本期的“经营收入”、“经营支出”、“销售税金”转入“经营结余”账户。“经营结余”账户的贷方余额为实现的经营结余，借方余额为经营亏损；

六是将单位实现的经营结余全数转入“结余分配”账户，如为亏损则不结转。

（三）公立非营利组织成本费用的核算

仍以某高校为例，说明在单设成本账户下的成本费用的核算。设该校所属的非独立核算的校办工厂生产甲、乙两种产品：

[例 10－29] 甲车间生产产品领用 B 材料 6 吨，单价 5000 元，C 材料 2 吨，单价 2000 元。凭领料单填记账凭证，会计分录如下：

借：成本费用——直接费用（其他费用）（甲产品） 34000

贷：材料——B 材料 30000

——C 材料 4000

[例 10－30] 发放本月工资，资料如下：基本工资 42000 元，其中车间管理人员 1500 元，甲产品生产工人 28500 元，乙产品生产工人 12000 元；津贴补贴 12000 元，其中车间管理人员 900 元，甲产品生产工人 7100 元，乙产品生产工人 4000 元；扣收住房公积金 2700 元，其中车间管理人员 120 元，甲产品生产工人 1780 元，乙产品生产工人 800 元。开出现金支票，提现发工资，当日发清。车间管理人员的工资费用由甲、乙两种产品分摊。凭工资汇总表、现金支票存根等填记账凭证，会计分录如下：

借：现金 36100

贷：银行存款 36100

借：成本费用——直接费用（基本工资）（甲产品） 28500

——直接费用（津贴补贴）（甲产品） 7100

贷：现金 33820

其他应付款——公积金 1780

借：成本费用——制造费用（基本工资） 1500

——制造费用（津贴补贴） 900

贷：现金 2280

其他应付款——公积金 120

借：成本费用——直接费用（基本工资）（乙产品） 12000

——直接费用（津贴补贴）（乙产品） 4000

贷：现金 15200

其他应付款——公积金 800

[例 10-31] 开出转账支票支付车辆维修保养费 6000 元。凭支票存根、发票填记账凭证，会计分录如下：

借：成本费用——制造费用（交通费） 6000

贷：银行存款 6000

[例 10-32] 期末，本次投料的甲产品全部制造完工，结转其成本。乙产品尚未完工。本期甲、乙两种产品耗用工时分别为 60 小时和 40 小时。

甲产品应分摊的制造费用为：

60（小时）×84（元/小时）=5040（元）

其中应分摊的基本工资 = 1500 ÷ 100 × 60 = 900（元）

津贴补贴 = 900 ÷ 100 × 60 = 540（元）

交通费 = 6000 ÷ 100 × 60 = 3600（元）

凭制造费用分配表填记账凭证，会计分录如下：

借：成本费用——制造费用（基本工资）（甲产品） 900

——制造费用（津贴补贴）（甲产品）540

——制造费用（交通费）（甲产品）　3600

贷：成本费用——制造费用（基本工资）　　900

——制造费用（津贴补贴）　　540

——制造费用（交通费）　　3600

入库产成品：

借：产成品——甲产品　　74640

贷：成本费用——甲产品　　74640

八、销售税金

销售税金是指公立非营利组织提供劳务或销售产品应负担的税金及附加，包括营业税、城市维护建设税和教育附加费等。

核算和监督实行内部成本核算的公立非营利组织开展经营活动或销售产品应交纳的税金及附加，应设置“销售税金”（支出类）账户。借方登记公立非营利组织按规定计算出的应负担的销售税金及附加，期末，将本账户余额转入“经营结余”或“事业结余”账户，转账后本账户无余额。

［例］　某科研单位收到附属的非独立核算招待所交来当日营业收入现金5200元。营业税税率5%，城市维护建设税税率7%，教育附加费率3%。凭收据填记账凭证，会计分录如下：

借：现金　　5200

贷：经营收入　　5200

借：销售税金　　286

贷：应交税金——应交营业税　　260

——城市维护建设税　　18.20

其他应付款　　7.80

对税源不大的非营利组织，销售税金的计算可以按月进行，但在月末一次计算时，要注意分清纳税收入类别，然后乘以适用税率，以便准确计算应纳税金及附加。

第三节 公立非营利组织净资产的核算

净资产是资产减去负债的差额。公立非营利组织的净资产包括结余、事业基金、固定基金和专用基金等。

一、结余

公立非营利组织的结余是指公立非营利组织在一定期间（通常是为一年）全部收入与支出相抵后的余额，包括“事业结余”和“经营结余”两部分。

（一）事业结余的核算

事业结余是公立非营利组织在一定期间除经营收支外各项收支相抵后的余额（不含实行预算外资金结余上缴办法的预算外资金结余）。

为了正确核算非营利组织的事业收支状况，应设置“事业结余”（净资产类）账户。贷方登记从有关收入账户转入数，借方登记从有关支出账户转入数。轧差后余额一般在贷方，反映收入大于支出的结余数；如果出现借方余额，则为支出大于收入的超支数。轧差后的余额全数转入“结余分配”账户，转账后本账户无余额。

设该高校某年12月末有关收支账户的资料如表10－3。

表10－3

收　入	12月末累计数	支　出	12月末累计数
财政补助收入	2600000	拨出经费	1350000
事业收入	4448362.50	事业支出	6695235
经营收入	1086002.72	经营支出	1058000
附属单位缴款	206800	销售税金	4790
其他收入	2823990	对附属单位补助	60000
		结转自筹基建	1000000
合　计	11165155.22	合　计	10168025

根据上述资料，办理年终转账，核算“事业结余”。

［例 10－33］ 将有关收入转入“事业结余”账户的贷方。

借：财政补助收入 2600000
　　事业收入 4448362.50
　　附属单位缴款 206800
　　其他收入 2823990
　　贷：事业结余 10079152.50

［例 10－34］ 将有关支出转入“事业结余”账户的借方。

借：事业结余 9105235
　　贷：拨出经费 1350000
　　　　事业支出 6695235
　　　　对附属单位补助 60000
　　　　结转自筹基建 1000000

［例 10－35］ 将“事业结余”账户的余额全数转入“结余分配”账户。

借：事业结余 973917.50
　　贷：结余分配 973917.50

若“事业结余”账户为借方余额，转账分录与上相反。

（二）经营结余的核算

经营结余是指非营利组织在一定期间（通常为一年）各项经营收入与经营支出相抵后的余额。

核算非营利组织经营收支状况，应设置“经营结余”（净资产类）账户。贷方登记经营收入账户转入数，借方登记经营支出和属于经营收入负担的销售税金数。本账户贷方余额为实现的经营结余，如为借方余额，则为经营亏损。年终，单位应将实现的经营结余全数转入“结余分配”账户，结转后本账户无余额。如为亏损则不结转。

［例 10－36］ 将“经营收入”转入“经营结余”的贷方。

借：经营收入 1086002.72
　　贷：经营结余 1086002.72

［例 10－37］ 将“经营支出”、“销售税金”转入“经营结余”的借方。

借：经营结余 1062790
　　贷：经营支出 1058000

销售税金　　　　　　　　　　　　　　　　　　4790

［例 10－38］ 将“经营结余”账户的贷方余额数转入“结余分配”账户。

借：经营结余　　　　　　　　　　　　　　23212.72

　　贷：结余分配　　　　　　　　　　　　　　23212.72

（三）结余分配的核算

公立非营利组织结余分配的对象是事业结余和经营结余。对结余进行分配有两点要求：一是正确计算结余。非营利组织应按规定的计算方法和内容，对单位全年的收支活动进行全面的清查、核对、整理和结算。凡属本年的各项收入，都要及时入账；凡属本年的各项支出，都要按规定的支出渠道列报，如实反映全年的收支结余情况。需要强调的是，经营收入要与经营支出对应进行结算，以正确反映经营收支结余；各项非经营收入之和要与非经营支出之和对应进行结算，以正确反映事业收支结余，两者不能混淆。二是按规定分配结余。结余的分配，包括预算外资金结余的处理、专项资金的处理、职工福利基金的提取等，都要严格按照规定办理。

“结余分配”账户一般设置“应交所得税”、“提取专用基金”、“事业基金”等明细账户。

前面经过结余的核算，由“事业结余”账户转入“结余分配”账户贷方的数额为 973917.50 元，由“经营结余”账户转入“结余分配”账户贷方的数额为 23212.72 元。按税法规定，本期应纳所得税的所得为 23212.72 元，所得税的适用税率为 18%。现对结余进行分配，直接编制记账凭证。

［例 10－39］ 计算应纳所得税。

23212.72 × 18% = 4178.29（元）

借：结余分配——应交所得税　　　　　　　4178.29

　　贷：应交税金——应交所得税　　　　　　　4178.29

［例 10－40］ 按当地财政部门规定的比例（40%）提取职工福利基金。

（973917.50 + 23212.72 − 4178.29）× 40% = 397180.77（元）

借：结余分配——提取专用基金　　　　　　397180.77

　　贷：专用基金——职工福利基金　　　　　　397180.77

［例 10 – 41］ 将“结余分配”账户的最后余额转入“事业基金”账户。

借：结余分配——事业基金 595771.16

贷：事业基金——一般基金 595771.16

单位年终结账后发生以前年度会计事项的调整或变更，涉及到以前年度结余的，凡国家有规定的，从其规定；没有规定的，应直接通过“事业基金”账户进行核算，并在会计报表上加以注明。

年末若财政直接支付的额度和财政授权支付的限额有结余，应先将其余额注销，再进行事业结余、经营结余及结余分配的核算。注销财政直接支付额度时，记“借：财政应返还额度，贷：财政补助收入”；注销财政授权支付额度时，记“借：财政应返还限额，贷：零余额账户用款额度”。注销的财政直接支付的额度和财政授权支付的限额下年由财政返还。

二、基金

（一）事业基金的核算

事业基金是指公立非营利组织拥有的非限定用途的净资产，主要包括滚存结余资金和投资产权等。事业基金应按当期实际发生数和年终转入数记账。

滚存结余资金是指公立非营利组织历年的未分配结余或损失，以及历年的专项资金结余。

投资产权是指公立非营利组织以固定资产对外投资而形成的产权，以及以无形资产、材料等对外投资，其评估确认价高于或低于原账面价值而增加或减少的净资产。

核算和监督公立非营利组织各种来源形成的事业基金的增减变化及结存情况，应设置“事业基金”（净资产类）账户。贷方登记增加数，借方登记减少数，贷方余额反映非营利组织所占有的非限定用途的净资产累计余额。本账户应按核算的业务内容分设“一般基金”和“投资基金”两个明细账户。“一般基金”主要用以核算滚存结余资金；“投资基金”用以核算对外投资部分的基金。

具体核算方法详见第九章对外投资的核算和本章结余分配的核算。

（二）固定基金的核算

固定基金是指公立非营利组织占有或使用的固定资产所占用的基金。

固定基金的核算请参见第九章固定资产的核算。

（三）专用基金的核算

专用基金是指公立非营利组织按规定提取、设置的有专门用途的资金，主要包括修购基金、职工福利基金、医疗基金、住房基金等。

核算非营利组织按规定提取、设置的有专门用途的资金的收入、支出及结存情况，应设置"专用基金"（净资产类）账户。贷方登记提取、设置增加数，借方登记减少数，贷方余额反映单位专用基金的结存数。本账户应按专用基金的种类分设"修购基金"、"职工福利基金"、"医疗基金"和"住房基金"等四个明细账户，进行明细分类核算。

1. 修购基金的提取与核算

为保证公立非营利组织固定资产更新和维护有一个相对稳定的资金来源，事业单位会计制度规定按照事业收入和经营收入的一定比例提取修购基金。另外，固定资产变价收入按规定也计入修购基金，统一用于公立非营利组织设备和房屋的购置和修缮。

(1) 按照事业收入和经营收入的一定比例提取（应本着收入多的多提，收入少的少提，尽可能保证修购基金达到一定的规模，并稳定地增长。提取比例应由主管部门和财政部门共同确定），在事业支出和经营支出的修缮费和设备购置费中各列50%。

［例］ 某公立非营利组织某月按事业收入和经营收入一定比例提取修购基金各20000元，会计分录为：

借：事业支出——（商品和服务支出）（修缮费） 10000

——（商品和服务支出）（设备购置）

10000

经营支出——修缮费 10000

——设备购置费 10000

贷：专用基金——修购基金 40000

(2) 固定资产变价收入转入修购基金。

［例］ 某公立非营利组织清理报废固定资产取得残值收入共

1000 元，款已送存银行，会计分录为：

借：银行存款　　　　　　　　　　　　　　1000

　　贷：专用基金——修购基金　　　　　　　　　1000

2．职工福利基金的提取与核算

职工福利基金是指按照结余的一定比例提取转入的，用于单位职工的集体福利设施、集体福利待遇等支出的资金。

结余包括事业结余和经营结余，作为计算职工福利基金基础的结余是指转入“结余分配”账户的数额扣除“应交所得税”（有所得税缴纳业务的单位）后的数额。具体提取和核算办法见本章结余分配的核算。

公立非营利组织的福利资金来源有两个渠道：一是平时按编制人数定额提取的国家工作人员福利费，用于单位职工基本福利支出；二是从年终结余中提取的福利基金，主要满足不同单位的特殊福利支出。福利费提取后也在专用基金科目中核算，但要与“职工福利基金”分开反映。

3．医疗基金的提取与核算

医疗基金是指未纳入公费医疗经费开支范围的公立非营利组织，按当地财政部门规定的公费医疗经费人均预算定额提取，并参照公费医疗制度有关规定用于职工公费医疗开支的资金。

提取医疗基金应按从事专业业务及辅助活动的人员和从事生产经营活动的人员，分别列入事业支出和经营支出。其计算公式为：

医疗基金提取额 = 职工人数 × 提取标准（预算定额）

［例］　某公立非营利组织按规定提取医疗基金 50000 元，其中专业业务及辅助活动人员提取数额为 35000，生产经营活动人员提取数额为 15000，会计分录为：

借：事业支出——对个人和家庭的补助（医疗费）

　　　　　　　　　　　　　　　　　　　35000

　　经营支出——医疗费　　　　　　　　15000

　　贷：专用基金——医疗基金　　　　　　　　50000

4．住房基金的提取与核算

住房公积金由在职职工个人及其所在单位，按职工个人工资和职工工资总额的一定比例逐月缴纳，归个人所有，存入个人公积金账户，用于购、建、大修住房。职工离退休时，本息金额一次结清，退还职工本人。各级财政是住房公积金管理机构财务管理的主管部门。

公立非营利组织住房基金是按照国务院规定的住房公积金制度，由单位按照职工工资总额的一定比例提取的住房基金（不包括个人缴纳部分）。

［例］ 某公立非营利组织某月职工工资总额为 185000 元，按规定比例 10%提取住房公积金 18500 元，会计分录为：

借：事业支出——对个人和家庭的补助（住房公积金）

18500

贷：专用基金——职工住房基金 18500

第十一章 Dishiyizhang
公立非营利组织会计报表

【学习目标】　本章主要介绍公立非营利组织会计报表的编制方法，通过学习要求学生：能说出公立非营利组织的会计报表的种类；会编制资产负债表、收入支出表、支出明细表；知道会计报表的审核、分析、汇总的基本内容。

第一节　公立非营利组织会计报表的编制方法

公立非营利组织的会计报表按编报的时间划分，可分为月报、季报、年报。按报表反映的内容分，可分为资产负债表、收入支出表、附表等。月报、季报、年报的内容和编制程序基本相同，但年报的内容多，较为复杂，本节着重说明年报的内容和编制方法。

编制年报，首先要进行年终清理，在年终清理的基础上，办理年终转账，然后再按年报要求的报表种类编制报表。年终清理和年终转账的具体内容和步骤请参见第七章。

公立非营利组织年报包括的报表有资产负债表、收入支出表、附表及财务情况说明书等。

一、资产负债表及其编制方法

资产负债表，是反映公立非营利组织在某一特定日期财务状况的报表。资产负债表的项目按会计科目的类别分别排列。通过对资产负债表的分析，可以掌握公立非营利组织的经济资源及这些资源的分布和结构，了解公立非营利组织的资产情况和负债状况、财务实力、短期偿债能力和支付能力。通过对前后期的资产负债表的对照分析，还可以看出公立非营利组织资产负债的变化情况及财务状况的发展趋势。

本表按照“资产 + 支出 = 负债 + 净资产 + 收入”的平衡公式设置。左方为资产部类，右方为负债部类，各部类的项目按会计科目的类别分别排列，左右两方总计数相等。现仍以前述某高校业务说明资产负债表的编制方法。

设该校某年各有关账户年初数和 12 月末余额如表 11 - 1 所示，据以编制结账前和结账后的资产负债表，见表 11 - 2、表 11 - 3。

表 11 - 1 科 目 余 额 表

科目名称	年初数	期末数	科目名称	年初数	期末数
现金	10	308	借入款项		100000
银行存款	6000	150829.83	应付票据		75850
应收票据		17100	应付账款		173416.11
应收账款		17000	其他应付款		78300
预付账款		800000	事业基金	16010	161010
其他应收款		512330	其中：一般基金	16010	16010
材料	10000	31673.50	投资基金		145000
产成品		74640	固定基金	20000000	21805000
对外投资		45000	专用基金		96535
固定资产	20000000	21835000	财政补助收入		2600000
拨出经费		1350000	事业收入		4448362.50
事业支出		6695235	经营收入		1086002.72
经营支出		1058000	附属单位缴款		206800
成本费用		3360	其他收入		2823990
销售税金		4790			
附属单位补助		60000			
结转自筹基建		1000000			

表 11－2　　　　　　　　　资 产 负 债 表

编表单位：×× 大学　　　　××年 12 月 31 日（结账前）　　　　　　单位：元

科目编号	资产部类	年初数	期末数	科目编号	负债部类	年初数	期末数
	一、资产类				二、负债类		
101	现金	10	308	201	借入款项		100000
102	银行存款	6000	150829.83	202	应付票据		75850
105	应收票据		17100	203	应付账款		173416.11
106	应收账款		17000	204	预收账款		
108	预付账款		800000	207	其他应付款		78300
110	其他应收款		512330	208	应缴预算款		
115	材料	10000	31673.50	209	应缴财政专户款		
116	产成品		74640	210	应交税金		
117	对外投资		45000		负债合计		427566.11
120	固定资产	20000000	21835000		三、净资产类		
124	无形资产			301	事业基金	16010	161010
	资产合计	20016010	23483881.33		其中：一般基金	16010	16010
					投资基金		145000
				302	固定基金	20000000	21805000
	五、支出类			303	专用基金		96535
501	拨出经费		1350000	307	经营结余		
502	拨出专款				净资产合计	20016010	22062545
503	专款支出				四、收入类		
504	事业支出		6695235	401	财政补助收入		2600000
505	经营支出		1058000	403	上级补助收入		
509	成本费用		3360	404	拨入专款		
512	销售税金		4790	405	事业收入		4448362.50
516	上缴上级支出			409	经营收入		1086002.72
517	附属单位补助		60000	412	附属单位缴款		206800
520	结转自筹基建		1000000	413	其他收入		2823990
	支出合计		10171385		收入合计		11165155.22
	资产部类总计	20016010	33655266.33		负债部类合计	20016010	33655266.33

表 11－3 资 产 负 债 表

编表单位：××大学 ××年12月31日（结账后） 单位：元

科目编号	资产部类	年初数	期末数	科目编号	负债部类	年初数	期末数
	一、资产类				二、负债类		
101	现金	10	308	201	借入款项		100000
102	银行存款	6000	150829.83	202	应付票据		75850
105	应收票据		17100	203	应付账款		173416.11
106	应收账款		17000		预收账款		
108	预付账款		800000	207	其他应付款		78300
110	其他应收款		512330	208	应缴预算款		
115	材料	10000	31673.50	209	应缴财政专户款		
116	产成品		74640	210	应交税金		4178.29
117	对外投资		45000		负债合计		431744.40
120	固定资产	20000000	21835000		三、净资产类		
124	无形资产				事业基金	16010	756781.16
	资产合计	20016010	23483881.33	301	其中：一般基金	16010	611781.16
					投资基金		145000
					固定基金	20000000	21805000
	五、支出类			302	专用基金		493715.77
501	拨出经费			303	事业结余		
502	拨出专款			306	净资产合计	20016010	23055496.93
503	专款支出				四、收入类		
504	事业支出			401	财政补助收入		
505	经营支出			403	上级补助收入		
509	成本费用		3360	404	拨入专款		
512	销售税金			405	事业收入		
516	上缴上级支出			409	经营收入		
517	对附属单位补助			412	附属单位缴款		
520	结转自筹基建			413	其他收入		
	支出合计		3360		收入合计		
	资产部类总计	20016010	23487241.33		负债部类总计	20016010	23487241.33

二、收入支出表

收入支出表，是综合反映非营利组织在一定期间财务收支结余及其分配情况的报表，它由收入、支出、结余分配三部分组成。收入支出表的项目按收支的构成和分配情况分别列示。通过收入支出表，可以判断非营利组织的业务经营成果，评价业绩，预测未来事业发展趋向，其格式见表 11－4（资料来源表 11－1）。

表 11－4　　**收入支出表**

编表单位：××大学　　××年 12 月 31 日　　单位：元

收入		支出		结余	
项目	累计数	项目	累计数	项目	累计数
财政补助收入	2600000	拨出经费	1350000	事业结余	973917.50
上级补助收入		上缴上级支出		1. 正常收支结余	973917.50
附属单位缴款	206800	对附属单位补助	60000	2. 收回以前年度事业支出	
事业收入	4448362.50	事业支出	6695235		
其中：		其中：			
预算外资金收入		财政补助支出	2600000		
其他收入	2823990	预算外资金支出	4095235		
		销售税金			
		结转自筹基建	1000000		
小计	10079152.50	小计	9105235		
经营收入	1086002.72	经营支出	1058000	经营结余	23212.72
		销售税金	4790		
小计	1086002.72	小计	1062790		
拨入专款		拨出专款		结余分配	997130.22
		专款支出		1. 应交所得税	4178.29
				2. 提取专用基金	397180.77
				3. 转入事业基金	595771.16
				4. 其他	
小计		小计			
总计	11165155.222	总计	10168025		

表中的“累计数”按各收入、支出及结余账户至报告月止的累计数填列。

三、附表

附表是指收入支出表的附表，主要包括事业支出明细表、经营支出明细表和基本数字表。

（一）事业支出明细表

事业支出明细表是反映一定时期公立非营利组织事业支出的具体支出项目情况的报表。本表根据事业支出明细账填列。通过事业支出明细表，可以了解掌握公立非营利组织各项支出的具体用途和支出结构是否合理。具体办法按财政部或各省财政部门的有关规定填列，亦可按以下办法进行：

1. 按指定用途填列。对于财政补助收入、事业收入中预算外资金部分，财政部门指定专门用途的，按指定用途分解到有关“目”级科目。

2. 按核定的非营利组织综合预算及其“目”级科目明细账并参照预算执行结果填列。非营利组织在编制单位综合财政计划时，应对其中的财政补助收入、事业收入的预算外资金部分安排到“目”，然后参考非营利组织预算执行结果，填报非营利组织支出明细表。

3. 采用比重法填列。首先确定本单位全年财政补助收入和事业收入中预算外资金部分，各占财政补助收入、上级补助收入、事业收入、附属单位缴款、其他收入的全年预算总额的比重。财政拨款支出、预算外资金支出合计数以及支出“目”级科目，相应按各占的比重与事业支出数、“目”级科目支出数之积，分别填列。

事业支出明细表的格式及内容见图表 11－5。

表 11－5　　事业支出明细表

编表单位：　　　　年　月　日　　　　单位：元

项　目	合计	基本工资	津贴补贴	其他工资福利	社会保障缴费	福利费	办公费	交通费	水费	电费	维修费	……	备注
列次	1	2	3	4	5	6	7	8	9	10	11	12	13
事业支出													
其中：													
1. 财政拨款支出													
2. 预算外资金支出													
合　计													

编表说明：

1. “财政拨款支出”是指非营利组织用财政补助收入安排的支出。
2. “预算外资金支出”是指非营利组织用预算外资金收入安排的支出。
3. 在“财政拨款支出”和“预算外资金支出”中对于财政部门指定用途的，应按指定用途填列；对于没有指定用途的，按本表所列项目分别列示。
4. 本表按“款”填列，每“款”填一张报表。

例如，某非营利组织全年综合财政计划表中，财政补助收入为2000000元；上级补助收入为200000元；事业收入为1700000元（事业收入中属财政部门返还的预算外资金为1000000元，属单位自行使用的事业收入为700000元）；其他收入为100000元。单位总收入预算为4000000元。年度预算执行实际的事业支出为3800000元。

在预算收入中，财政补助收入所占比重为50%（2000000/4000000）；事业收入中预算外资金部分所占比重为25%（1000000/4000000）。

财政补助支出 = 3800000 × 50% = 1900000（元）

预算外资金支出 = 3800000 × 25% = 950000（元）

分目的支出数比照上述方法计算。

（二）经营支出明细表

经营支出明细表是反映一定时期经营支出的具体支出项目情况的报表。本表根据经营支出明细账填列。通过本表可以了解掌握非营利组织经营成本的构成情况及支出构成是否合理。其格式见表11－9。

表11－6　经营支出明细表

编表单位：　年　月　日　单位：元

项　目	合计	基本工资	津贴补贴	其他工资福利	社会保障缴费	福利费	办公费	交通费	水费	电费	维修费	……
列次	1	2	3	4	5	6	7	8	9	10	11	12
经营支出												
合　计												

补充资料：

实行内部成本核算的单位应填列下列成本费用的补充资料：

未结转到经营支出的成本费用：

其中：基本工资：　职工福利费：　设备购置费：

补助工资：　社会保障费：　修缮费：

其他工资：　公务费：　业务费：

其他费用：

编表说明：本表经营支出栏下可按经营支出业务的种类分别填列。

（三）基本数字表

基本数字表是反映定员定额和事业计划完成情况的报表，用来考核人员编制、开支标准的执行情况，分析事业进度和效果，为掌握预算拨款提供依据。非营利组织的业务性质不同，基本数字表的项目也不完全相同。一般非营利组织有职工人数，教育单位除教职工人数外，还有学生人数。基本数字表（以教育非营利组织为例）的格式及内容见表 11 - 7。

表 11 - 7　　　　教育事业基本数字表

编表单位：　　　　　　年　月　日

预算科目	项 目 名 称	行次	单位	年初	增加累计	减少累计	期末
教育事业费	高等学校	1	人				
	一、教职工	2	人				
	1. 教职工总人数	3	人				
	(1) 教学人数	4	人				
	(2) 教学辅助人数	5	人				
	(3) 行政人员	6	人				
	(4) 工勤人员	7	人				
	(5) 科研机构人员	8	人				
	(6) 校办工厂、出版社	9	人				
	(7) 校办农场人员	10	人				
	(8) 编外人员	11	人				
	(9) 其他人员	12	人				
	2. 在“基本工资”目开支工资的总人数	13	人				
	其中：校本部	14	人				
	校办工厂（车间）	15	人				
	农林场	16	人				
	3. 本“项”内开支的退休人员（金额万元）	17	人				
	4. 本“项”内开支的外籍专家人数	18	人				
	二、学生人数	19	人				
	学生总人数	20	人				
	1. 本专科学生	21	人				
	其中：由原单位发工资的学生	22	人				
	享受助学金学生	23	人				
	享受奖学金学生	24	人				
	2. 进修生	25	人				
	3. 研究生	26	人				
	其中：由原单位发工资的研究牛	27	人				

四、会计报表附注和财务情况说明书

会计报表附注一般应就以下几方面的问题进行说明：所采取的主要会计处理方法；会计处理方法变更情况；会计报表中有关重要项目的明细资料；其他应说明的事项等。

财务情况说明书，主要说明非营利组织收入、支出和结余及其分配，资产负债变动情况，对本期或者下期财务状况发生重大影响的重大事项，以及需要说明的其他事项。

第二节 公立非营利组织会计报表的审核、汇总和分析

一、会计报表的审核和汇总

公立非营利组织的会计报表编制以后，各级会计单位要对会计报表从技术和政策方面进行认真的审核，称为技术性审核和政策性审核。

技术性审核主要是审核会计报表的数字是否正确，表内有关项目是否完整，有无漏报和错报的情况，会计报表的报送是否及时等。在审核会计报表的数字时，应注意审核以下几个方面的数字关系：(1) 资产部类总计与负债部类总计数额是否一致；(2) 年初数是否与上年资产负债表期末数一致；(3) 拨出经费与所属非营利组织汇总的财政补助收入是否一致；(4) 拨出专款与所属单位汇总的拨入专款是否一致；(5) 对附属单位补助支出与所属非营利组织汇总的上级补助收入是否一致；(6) 附属单位上缴收入与所属非营利组织汇总的上缴上级支出是否一致。实行国库集中收付的单位没有(3)、(4)项目的审核。

政策性审核主要是审核会计报表中反映的各项资金收支及结余的使用是否符合政策、制度、法律、法规，有无违反财经纪律的情况。在收入方面，审核的内容主要包括：(1) 各项业务收入是否符合政策和预算的规定；(2) 财政补助收入的取得和使用是否符合预算和用款计划；(3) 其他收入的来源渠道和收费标准是否符合有关规定；

(4) 应上交预算的收入是否及时、足额上交，有无截留自用等。在支出方面，审核的内容主要包括：(1) 各项支出是否按预算和计划执行；(2) 有无违反国家规定开支范围、开支标准的现象；(3) 是否有乱拉资金、乱上项目等违反财经纪律的事项；(4) 是否足额向国家上交了各种税金等。

会计报表的汇总，是上级主管会计单位或二级会计单位对所属会计单位上报的会计报表，经过审核后进行汇总编制本系统的会计报表，用来总括反映本系统各项经济业务情况，是考核本系统单位财务状况和编制下年预算的重要参考资料。

各级会计单位在汇总会计报表时，应将所属单位，包括本年度新划进的单位的会计报表，全部汇编在内。对本年度划出的单位会计报表，不予汇总。汇总会计报表的种类、格式、内容与基层单位的会计报表相同。

主管会计单位和二级会计单位在编汇总会计报表时，应将本级报表上的“拨出经费”、“拨出专款”、“对附属单位补助”、“附属单位缴款”等科目的数字，与所属单位报表上的“财政补助收入”、“拨入专款”、“上级补助收入”、“上缴上级支出”科目的数字进行核对，它们期末余额方向相反，数字应相互抵消，以免重复计算。其他科目的数字，应将本级报表和所属单位会计报表上的数字相加填列。实行国库集中收付的单位没有拨出拨入款项的抵消问题。

二、会计报表的分析

会计报表的分析是指运用事业计划、会计报表、统计数据和其他有关资料，对一定时期内的单位财务活动进程进行比较、分析和研究，并进行总结，作出正确评价的一种方法。

非营利组织会计报表的分析方法和分析的内容请参见第七章行政单位会计报表的分析。

三、财务分析评价指标

财务分析评价指标包括经费自给率、人员支出与公用支出分别占事业支出的比率、资产负债率等。

1. 经费自给率

经费自给率是衡量公立非营利组织组织收入的能力和收入满足经常性支出程度的指标，是综合反映公立非营利组织财务收支状况的重要分析评价指标之一。它既是国家有关部门对公立非营利组织制定相关政策的重要指标，也是财政部门确定财政补助数额的依据，同时，还是财政部门和主管部门确定公立非营利组织收支结余提取职工福利基金比例的依据。因此，公立非营利组织必须计算经费自给率。其计算公式是：

$$\text{经费自给率} = \frac{\text{事业收入} + \text{经营收入} + \text{附属单位上缴收入} + \text{其他收入}}{\text{事业支出} + \text{经营支出}} \times 100\%$$

公式中各项收入不包括财政补助收入和上级补助收入，支出内容反映的是公立非营利组织经常性支出。需要注意的问题是，为了使经费自给率具有可比性和连续性，在具体计算经费自给率时，有些临时性、一次性等特殊支出因素，造成经费自给率波动较大的，要予以扣除，如一次性专项资金安排的设备购置支出等。公立非营利组织财务规则规定，在计算经费自给率时，支出因特殊原因需要扣除的项目，应报经财政部门批准。这样可以保证支出扣除的合理性，使经费自给率计算更为准确。

2. 人员支出、公用支出占事业支出比率

人员支出、公用支出占事业支出比率，是衡量公立非营利组织事业支出结构的指标。其计算公式如下：

$$\text{人员支出比率} = \frac{\text{人员支出}}{\text{事业支出}} \times 100\%$$

$$\text{公用支出比率} = \frac{\text{公用支出}}{\text{事业支出}} \times 100\%$$

人员支出是指事业支出中用于人员开支的部分，公用支出是指事业支出中用于公用开支的部分。

分析人员支出和公用支出占事业支出的比率，可以了解事业支出结构是否合理。非营利组织的类型很多，工作领域也有很大不同，一些单位如中小学校，工作性质决定其教职员工的工资、补贴和福利费、社会保障费等日常人员支出较多，而设备购置和业务费用等开支相对较小，体现在总支出中，人员经费所占比重就比较高；另一些单位如自然科学研究单位及医疗单位等，其业务费支出会大得多，在支出中公用支出所占比重就较大。因此，以一个绝对标准比例来分析评价不同类型的非营利组织支出结构是否合理是不科学的。但是，这并不是说人员支出、公用支出占事业支出比率这一指标没有多大意义。公立非营利组织虽各有不同的特点，但单位可以首先根据自己的业务特点和人员状况，通过与以前年度的比较，分析本单位支出结构变化及发展趋势是否合理；其次还可以与同类型的公立非营利组织进行横向比较，了解本单位与先进单位的差距。从总体上看，人员支出占事业支出的比例不宜过高。非营利组织要通过各种努力，逐步调整支出结构，尽可能提高公用支出占总支出的比重，否则，公立非营利组织有限的资金大部分被用于人员开支，通俗的说法就是被“人头”吃掉，可用于开展业务的资金就难以保证，最终不利于事业的发展。

3. 资产负债率

资产负债率是衡量公立非营利组织利用债权人提供的资金开展业务活动的能力，以及反映债权人提供资金的安全保障程度的指标。其计算公式：

$$资产负债率=\frac{负债总额}{资产总额}\times 100\%$$

从债权人的角度看，资产负债率反映贷给债务人款项的安全程度；从债务人角度来说，资产负债率说明公立非营利组织利用债权人提供资金进行业务经营活动的能力。从公立非营利组织的性质上看，资产负债率保持在一个较低的比例上较为合适。

按照财务规则的规定，公立非营利组织可根据本单位的业务特点增加财务分析和评价指标。一般地说，可以根据非营利组织管理的不同需要增加两类指标：一类是各公立非营利组织基本通用的分析指标，如人均组织收入数、人均开支数、收支结余率、设备利用率等；另一类是体现单位特点的财务分析指标，如学校为分析生均支出是否达到国家有关政策要求，可以增加生均开支数和生均开支增长速度等指标，分析教职工与学生比例是否合理，可以增加教职工（或专任教师）与学生的比例等指标，从而构成公立非营利组织完整的财务分析指标体系。

"立体化教材"的开发和模式研究

中国财政经济出版社 王坚敏

一、"立体化教材"开发的意义

所谓"立体化教材"，这是前两年我们在教材开发模式研究过程中创造的一个名词，主要的目的就是要把我们提出的新的教材开发模式和传统的、纸质平面教材作一个区别。

教学改革，说到底就是要解决"学什么、怎么学"，"教什么、怎么教"，"考什么、怎么考"，"练什么、怎么练"的问题，传统的教材开发往往把重点放在助学上，对于如何"助教"、"助考"、"助练"重视不够。"立体化教材"其内涵就是采用现代的多媒体技术系统地解决助学、助教、助考、助练问题，实质上是一种教材开发的模式的通称，代表了一种新的教学解决方案。这种新的教材开发模式，有六大方面的开发，包括：(1) 纸质平面教材；(2) 网络课程；(3) 教师备课软件；(4) 媒体教学资源库；(5) 智能题库 + 教学测评系统；(6) 虚拟模拟实训平台等。每项开发又对应于教学实践和教学改革中某一方面的任务，具有特定的功能和作用。比如前两项重点是助学；(3)、(4) 两项重点是助教；第 (5) 项是助考、助学；第 (6) 项重点是助练。能够解决教改中遇到的矛盾和问题。

二、"立体化教材"的开发模式

1. 纸质平面教材

纸质平面教材就是传统意义上的课本，在我们的开发模式中纸质教材仅仅作为一种过渡性的产品存在，不再是教材的主体（由于我国计算机普及率还没有达到100%，很多学校还不能保证每个学生可以直接在计算机上进行学习）。平面教材由于介质的局限，其可以承载的信息容量、可以承载信息的多样性等，都不如电子媒体的教材。

2. 网络课程

网络课程包括：以小班教学课堂音频视频实录的音像教材（简称“小班课”），以及以网页形式制作的多媒体电子教材。

“小班课”的制作就是在全国范围内挑选若干名最优秀、教学最有特色的教师，分别拍摄音频视频音像教材，放在局域网、城域网上，让教师参考、让学生下载学习，也可以制作成 DVD 光盘供教师在教室播放。这样可以解决学校间教学资源不平衡，也可以解决校内老师教学水平不平衡的问题。特别是现在一些学校采取学分制后，学生在选择上什么选修课、什么时候上课方面更具自主权，学校在安排课堂教学方面出现了很多不好解决的矛盾，“小班课”教材的出现，可以给那些不能按照正常教学计划参加课堂教学的学生，更多的自主学习的选择，还便于解决复读学生学习计划的制定；便于异地开展远程教学。

电子教材，不是简单地把文字教材搬上网络，而是利用超文本链接技术，将与教学内容相关的文字、图片、动画、音频、视频等多媒体教学课件、教学资源集成在一起，再造职场环境、业务流程和岗位工作，可以帮助教师把情景教学、实景教学、仿真模拟实训，引入课堂，丰富教学内容，激发学生学习的积极性和学习专业知识、技能的兴趣。比如在《涉税会计实务》教材中，我们是用一段某餐馆开业的动画片，引出“企业开业登记”知识点，告诉学生无论什么企业设立，除了要办理工商注册登记外，还必须相应办理税务登记；然后教材引入了一段实景视频，介绍了深圳市税务（国税）登记大厅进行企业开业登记的整个流程，把课堂教学导入到“企业开业登记”的教学上，上课的教师即便不说一句话，听课的学生也可将知识点的相关知识了然于胸。

电子教材的另一个好处是：由于采用了超文本链接技术，教材中集成的教学内容、知识点，可以采取不同的排列方式进行组合，同样的信息量却可以组合出不同结构的教学方案。比如我们开发的《会计涉税实务》的电子教材，打开光盘，只要点击一个选择钮，教材就可以自动组合成以“岗位流程”教学和以“税种”教学两种不同版本的教材体系，可以给教师和学生更多的自主选择权。

电子教材还有一个好处，目前我们的电子教材是以 CD - ROM/

DVD－ROM 光盘作为介质，附在平面教材上，由于光盘介质的存储容量大，介质生产的材料成本又相对便宜，我们将与课程教材相关的法律法规的电子文本集合一起，将相关的工具、小软件集成一起，大大提高了教材的保存价值，增强了教材的工具性。

3. 教师备课软件

教师备课软件，则是根据目前老师们计算机应用的实际（教师计算机应用比较普及，办公和备课软件以微软的 Office 为主，但同时软件应用的熟练程度相对较弱），在微软 Office 的基础上，我们进行了应用性的二次开发，新形成了融合微软 Office 的教师备课软件（也有融合国产软件永中 Office 的教师备课软件），可以帮助老师十分简便地应用微软 Office 软件中许多的功能，大大简化了教师的计算机操作程序和操作难度，提高软件应用水平、提高备课效率。比如在课件制作中，利用微软 Office 软件在 PowerPoint 文件中插入一个 Flash 动画，原来一般需要十几步的熟练操作才能够实现，而通过我们开发的教师备课软件，就可以实现一键插入，并打包在一个 PowerPoint 文件中。同时，教师备课软件与媒体资源库有很好的软件接口，教师可以通过备课软件，十分简便地检索、获得资源库中的各种数据（文本、图片、视频、音频、动画等类型的课件素材），形成有特色的、个性化教案。教师备课软件有单机版，也有网络版，我们开发的小学版、中学版教师备课软件，目前已经在全国 4 万多个学校使用和推广。下一步，我们的目标是开发一套专供教师办公和备课使用的"教育 Office"。

教案标准化建设，是学校教学质量建设一个重要环节。应用网络版教师备课软件的另一个好处是，以学校为单位，在校园网统一安装了教师备课系统以后，服务器会自动记录每一个老师备课的时间，老师生成的教案也会自动在服务器中保存备份，学校的教学管理部门通过教师备课系统的这一功能，可以有效监督教师的备课情况和教案质量，推动教案标准化建设；教学管理部门还可以通过教师备课软件，将老师们优秀的教案、课件，存入学校本地的媒体资源库，在本地的局域网上发布，实现资源共享。

4. 媒体教学资源库

媒体教学资源库，既是一个软件平台，又是一个丰富的教育资源素材库。利用这个平台，使用者可以分别调用远程资源库、本地资源库和教师个人资源，远程资源一般由出版社统一开发、创建，使用单位有偿获取；本地资源，可以以学校为单位，开发、积累、创建，把那些具有学校特色的教学素材、课件集合在媒体资源库中，学校的老师通过校内的局域网任意调用，实现了优质教育资源的共享，方便老师创作不同风格、有个性、有特色的教学方案；教师个人资源，则由老师根据自己教学的需要，不断积累和开发，当然，优秀的个人资源，也可以通过一定的途径和程序，在本地和远程资源库中发布，达到资源共享的目的。我们开发的媒体资源库软件平台，还提供了上百种教学模板，方便教师调用。目前，中国财政经济出版社和北京财经电子音像出版社开发的中小学教育版本的资源库，数据量已经达到400G以上，已经在国家中小学农村远程教育工程中广泛应用，财经专业版媒体资源库也在系统开发中。货币样张数据库，目前已经收集了200多个国家600多种纸币的实物样张的图片；证券、股票数据库，收集了包括我国第一张股票样张，改革开放后发行的纸质股票样张，以及有关世界上第一个股票市场、纽约股票市场、华尔街、上海证券交易大厅、深圳证券交易大厅、我国第一个上市公司等等视频资料；会计凭证、票据库，则收集了目前我国正在使用的各类发票、凭证、票据、账簿的实样图片数据，以及会计流程、凭证填写等方面的大量的动画、视频素材。其他的专业素材资源库正在逐步建设和开发中。

5. 智能题库 + 教学测评系统

智能题库 + 教学测评系统，既可以解决标准化考试的问题，也可以作为远程考试、机考的技术支持，更重要的是将老师对学生学习成果的评价方面的智能，移植到计算机里，与智能题库及机考相结合，学生通过计算机在线考试，不但可以检测出知识掌握的成果，而且可以实时地判断出学生知识学习的薄弱环节，进而引导学生对没有掌握的知识重新学习。

6. 虚拟模拟实训平台

虚拟模拟实训平台，就是引入计算机游戏的一些理念，把学习和游戏结合，用计算机软件技术仿真模拟职场的岗位、流程、业务，让教师和学生在游戏中分别扮演不同的角色，不同的角色之间按照教材的要求相互发生业务关系，进行模拟实训。我们的一个合作伙伴开发了一系列这样的模拟实训软件，举一个国际贸易的模拟实训平台的例子，在游戏里，教师和学生可以扮演出口贸易商、进口贸易商、船务货运服务商，也可以扮演海关、商检、检疫等政府管理部门的官员，软件里收集了中国制造的4万多种出口商品的代码、全世界140个国家的银行信用证格式、若干甲地到乙地的航运单价目录，以及各式各样与进出口相关的报关、商检、检疫表格和单证，由此构成一个虚拟的社会，师生们在这里按照自己的兴趣和计划进行的各类外贸交易，通过这样的"游戏"，达到外贸业务实训的目的。其真实程度，犹如学生自己开了一个外贸公司，实际经营进出口业务。现在，我们正联合在一起，开发与软件相对应的实训教材，希望早出成果，为教学改革添砖加瓦。

当然，我们对于"立体化教材"的认识，也是粗浅的，需要不断深化、不断完善、不断创新，权当抛砖引玉吧。